LES

RECLUSERIES

BAR-LE-DUC,

IMPRIMERIE CONTANT-LAGUERRE.

LES
RECLUSERIES

PAR
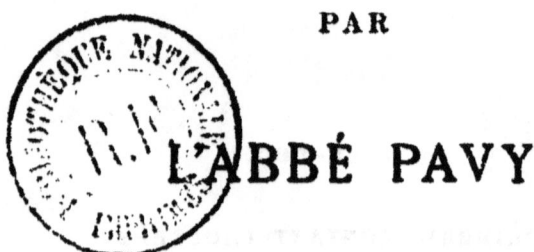
L'ABBÉ PAVY

Fratres in unum.

LYON
LIBRAIRIE ECCLÉSIASTIQUE ET CLASSIQUE DE BRIDAY
3, Avenue de l'Archevêché

1875

AU LECTEUR.

L'opuscule que j'édite aujourd'hui dormait depuis trente-sept ans dans les papiers de mon frère. Il le composa avant 1837. Dès ce moment il songeait à le publier; mais la chaire d'histoire ecclésiastique à la Faculté de théologie de Lyon lui fut offerte. D'autres études vinrent alors le solliciter et lui faire oublier celle-là.

En parcourant les nombreux manuscrits qu'il m'a laissés, j'ai mis la main sur ce travail. Il n'était pas entièrement achevé, comme semble le dire sa Préface; des lacunes s'y rencontraient, quelques parties manquaient complètement. Heureusement, à force de recherches, j'ai trouvé son cahier de notes, cahier tout maculé, couvert de ratures, écrit au courant de la plume et souvent en abrégé. Avec ces notes que j'ai déchiffrées, la loupe à la main, il m'a été donné de combler les lacunes et de réparer les omissions.

Pour que ce livre fût bien exactement, tout entier de l'auteur, j'ai gardé l'ordre et le style des notes, toutes les fois que j'ai pu le faire, et cela a été la plupart du temps. On trouvera donc ici les pensées de Mgr Pavy, à l'âge de trente-deux ans, sa foi, son amour du travail, déjà même son érudition. Je n'ai, moi, d'autre mérite à cette œuvre que ce que je viens de dire.

L.-C. Pavy.

AVANT-PROPOS.

Ce petit ouvrage ne peut manquer de paraître à quelques-uns singulier, à quelques autres inutile ; je ne sais pas même s'il ne rencontrera pas quelques esprits assez mal disposés pour le trouver dangereux. Les premiers auront parfaitement raison, les seconds se pourraient bien tromper, certainement les derniers auraient tort. Cet ouvrage est singulier et ne peut manquer de l'être, puisqu'il est consacré à l'histoire d'un genre de vie prodigieusement éloigné de nos habitudes et de nos mœurs. Mais il n'est pas inutile et cela pour trois raisons : 1° parce qu'il n'est jamais inutile de s'instruire de ce qu'on ne connaît pas; or, j'ai pu m'assurer pleinement que mes recherches auraient, par le temps qui court, le mérite de la nouveauté; 2° parce qu'on ne peut lire la Vie des Saints, l'Histoire des Ordres monastiques, celle des Eglises particulières, celle de l'Eglise en général, sans savoir quelle était donc la vie de ces hommes extraordinaires qu'on trouve nommés à chaque page du IV° au XVI° siècle; 3° enfin, parce qu'il n'est pas inutile de rétablir dans tout son jour une institution indignement outragée par la verve d'un poète fameux.

Ceux qui trouveraient dangereux ce livre auront peur sans doute que l'étrangeté de nos récits n'éveille quelquefois le sourire sur des lèvres impies. Qu'ils se rassurent, on peut raconter des choses extraordinaires sans exciter le rire, piquer la curiosité, sans provoquer le sarcasme. Ce n'est pas avec des noms portant l'auréole de la sainteté, avec des vertus inimitables sans doute à notre faiblesse, mais héroïques, gigantesques, admirables de tous points, qu'il est à craindre de malédifier. Des savants que j'ai consultés en France et à l'étranger ont pensé que la singularité de mon travail ne nuirait point à son utilité. Je me suis, comme on le pense, rangé à leur avis, et la preuve, c'est la publication de ces notes qui pourront servir d'éléments à une histoire plus complète de la reclusion, si quelqu'un a jamais la pensée de l'entreprendre.

A ces notes historiques, j'ai ajouté une nouvelle, dont le fonds et la forme, il faut le dire, sont de mon crû; mais où je crois avoir mis en scène les principales émotions de la recluserie. Si les personnages et toute l'action sont des choses purement imaginaires, les pensées qui en sont l'âme appartiennent à la reclusion, comme une fleur à la branche sur laquelle vous la voyez éclore.

Peut-être on me demandera (car que ne demande-t-on pas à un auteur?) à quelle occasion j'ai conçu le projet de ce livre. C'est chose peu importante assurément; cependant je vais le dire.

Je ne lis pas de romans, on le croira sans peine. Un an ou deux après l'apparition d'une célèbre production de ce genre, *Notre-Dame de Paris,* de Victor Hugo, on m'en apporta un extrait concernant les recluses de Paris. J'y lus l'étrange description que vous connaissez tous, du *Trou au Rat.* On comprendra que j'en fus singulièrement étonné. Cela me parut si méchamment exagéré, que je voulus m'informer au juste de la vérité. Je fis des recherches, elles me prirent un temps infini; car je ne sache pas que personne ait écrit plus de vingt-cinq à trente lignes, quelque peu sérieuses, sur la recluserie. Pour arriver à une connaissance exacte des choses, il m'a donc fallu lire énormément, je l'ai fait; après ce long et pénible travail, je suis demeuré convaincu que les pages du poëte étaient bien moins un tableau qu'une caricature. Il me vint en penser de tenter la réhabilitation de cette vie prodigieuse; pour cela je mis de l'ordre dans les notes que j'avais, chemin faisant, recueillies. Fidèle au précepte du poëte, j'ai laissé dormir trois ans ce modeste ouvrage, et maintenant qu'il s'éveille, je ne sais trop pourquoi, je vous l'apporte, afin que vous le jugiez, messieurs; s'il obtient vos suffrages, peut-être me hasarderai-je à l'offrir au public, juge moins éclairé, j'en suis sûr, mais moins indulgent et plus susceptible (1).

(1) A une Société littéraire.

RECLUSERIES.

CHAPITRE PREMIER.

Notions préliminaires et terminologie de la reclusion.

L'OBJET de ce livre est si peu connu, je ne dis pas du commun des lecteurs, mais même d'un grand nombre d'érudits, que je me vois obligé dès le début de donner l'explication et la terminologie de la reclusion.

On appelait autrefois *reclus* le religieux, ou le pénitent qui se consacrait librement à une clôture si étroite, qu'il n'avait plus aucune communication immédiate avec les hommes.

On a confondu fort souvent dans nos Histoires ecclésiastiques et dans nos Vies de Saints, les *reclus* avec les *ermites*. C'est ainsi qu'il est dit du célèbre Pierre, le prédicateur de la première croisade : *Ecce quidam inclusus, cui nomen Petrus, in finibus Hispaniæ constitutus, claustris egressus totum commovit orbem.*

J'aurais mauvaise grâce à intenter procès à notre admirable fabuliste pour avoir commis cette erreur. Sa fable du Rat retiré dans un fromage de Hollande, fait dialoguer, porte ouverte, son solitaire :

« Mes amis . . . .
Les choses d'ici-bas ne me regardent plus,
　En quoi peut un pauvre reclus
　Vous assister ? que peut-il faire ?
Que de prier le ciel qu'il vous aide en ceci.
J'espère qu'il aura de vous quelque souci. »

Son rat dévot ouvrait et fermait sa porte :

« Le nouveau saint ferma sa porte. »

Il n'était donc pas reclus, il était ermite ; mais le poète était-il obligé de connaître ces distinctions ascétiques, ignorées de plus d'un théologien.

Cette acception si large de la reclusion n'entre point dans le plan de cet ouvrage, où celui-là seul est regardé comme reclus qui vivait isolé, clos ou muré dans sa cellule, sans en ouvrir l'entrée aux étrangers, pas même à ses disciples. Donc nous saluerons avec respect la mémoire des Paphnuce, des Aphraate, des Onuphre, des Dorothée, des Isaac, et celle de tant d'autres héros, dont les noms embellissent les Annales du désert; cependant nous ne confondrons pas la cellule isolée mais accessible de l'ermite, avec la rigide et impénétrable logette du reclus. Le palmier, tente mobile de Paul, ne fleurira pas sur ces arides pages. Resserré, fermé, muré, si je l'ose dire, dans le cercle étroit de la reclusion, je ne détournerai, au profit de son histoire, aucun reflet d'une gloire étrangère.

Or, la clôture se faisait de deux manières; pour l'ordinaire on murait la porte extérieure de la cellule du reclus, quelquefois on se contentait de la sceller.

On trouve dans de vieux auteurs le nom de

renclus, d'*inclus*, celui de *reclusien*, et celui d'*enclus* :

Ils n'épargnaient ne clers, ne moines,
Enclus, ermites, ne canoines.

Les Grecs appelaient le reclus Εγκλεισος, et dans le langage de la basse latinité, on adopta indifféremment les locutions suivantes : *clausus, reclausus, inclusus, reclusus, retrusus, inter clusus;* on disait de même des recluses : *clausa, inclusa*, etc.

Les Allemands donnaient aux reclus le nom de *Klausner*, les Italiens celui de *Richiuso*.

Quant au nom de *Sachettes* donné aux recluses de Paris par M. Victor Hugo, sans doute il n'est point inventé à plaisir. Toutefois, je ne l'ai pas plus trouvé dans les auteurs qui traitent de cette matière, que dans les historiens particuliers de la ville de Paris; ni Félibien, ni Dubreul, ni l'abbé Lebeuf, ni Dulaure, ni M. de Saint-Victor, n'ont qualifié de la sorte les recluses. Je remarque, il est vrai, dans Mathieu Paris qu'en 1257, sous le roi Henri III, il apparut à Londres un nouvel ordre de religieux appelés *Saccati*, à cause de la forme de leur habit qui ne ressemblait pas mal à un sac; je lis également dans Dubreul, qu'il existait fort anciennement à Paris, et dans une rue qui avoisine l'église de Saint-André, un couvent de femmes appelées *Sachettes*. Elles furent retirées de là du temps de saint Louis et laissèrent leur nom à la rue qu'elles habitaient; mais il n'y avait rien de commun, que je sache, entre les sachettes et nos recluses, à qui d'ailleurs la règle imposait une tunique et non pas un sac pour vêtement.

La cellule du reclus, dans la basse latinité, reçut également diverses appellations : *clusa, clausula, clausola, clusorium, inclusa, inclusoria, inclusera, inclusagium, reclusio, reclusium, recluserium, reclusorium, reclusus, reclusania, reclusum;* en langue romane *reclusoir, reclusaige* et *reclusage* : dans un vieux manuscrit d'une traduction d'Ovide, Ulysse adresse ces mots au grand Achille :

> Damoisiaux, dit-il, gentishom
> Que fais-tu en cette prison ?
> Trop y a rendu le musage,
> Viens t'en, laisse ce *reclusage*.

Dans les temps postérieurs, on appela la logette du reclus, *reclusion*, *recluserie*.

La cérémonie de la *reclusion* se nomma *retrusio*, *reclusio*, *reclusion*, terme adopté par nos modernes lexicographes, en particulier par Boiste, Raymond, Lavaux. Pareillement on disait : *recludere*, *reclaudere*, *includere*, *retrudere*, *religare*, pour signifier l'action de reclure, *recloore*, *recloire*, *reclore*.

Il serait facile de citer à la marge une foule d'auteurs plus ou moins connus chez qui l'on rencontre ces diverses expressions. Mais il y aurait là, ce me semble, plus d'affectation que d'utilité. Je me contenterai d'indiquer le *Glossarium manuale* de Ducange et celui d'Adelung, le *Dictionnaire de la langue romane*, par J.-B. Roquefort, les *Œuvres* de saint Grégoire de Tours, les *Annales de Mabillon*, le *Codex regularum* de Lucas Holstenius, le *Gallia christiana*, les *Annales* des divers ordres religieux et l'Histoire des églises particulières.

Sans m'astreindre sévèrement et exclusivement à telle ou telle locution, dans mes recherches, j'adopterai de préférence comme plus conforme au génie de notre langue, le nom de *reclus*, pour désigner le religieux ou le pénitent dont il est ici question, celui de *reclusion* pour désigner la cérémonie de sa consécration, et celui de *recluserie* pour désigner la cellule qu'il habitait.

On conserve encore aujourd'hui les noms de reclus, de reclusion à ceux des souvenirs historiques qu'ils réveillent, et puis comme l'expression d'une vie retirée, soit volontaire, soit forcée. Ainsi la reclusion est-elle une peine afflictive destinée à punir certains crimes. Ainsi appelait-on *reclus* les lépreux régulièrement séparés de la société de leurs frères, et *recluses* les religieuses qui pourtant vivaient en communauté, comme celles de Liége, tant admirées au IX° siècle par l'archevêque Foulques; comme celles de Lyon, dont la demeure conserva la même dénomination, tout en devenant une maison de force. Ainsi pris dans un sens figuré, les reclus se retrouvent dans les plus anciens monuments de la langue française, tels que le *roman de la Rose, les fabliaux des* XI° *et* XII° *siècles*; ainsi tout le monde sait par cœur la fable que je citais tout à l'heure, où notre admirable La Fontaine fait de son rat réfugié dans un fromage de Hollande un *pauvre reclus*. C'est avec quelque prétention ce me semble qu'on a dit d'un soldat couronné tant de fois par la victoire : « Lassée par la fougue impétueuse de son favori, la Fortune ne pouvant plus le suivre en a fait un reclus, dans la solitude de l'Océan ; » et dans le *Dictionnaire* de la Crusca : *Eri non bastavi gli tutto mundo, oggi basta piccola richiusura.*

En outre, je ferai dès le début une observation qui me paraît importante. Distinguons plusieurs sortes de recluseries auxquelles nous donnerons les dénominations qui expriment le mieux leur physionomie particulière : les unes, que je nomme *acéphales,* parce que le reclus n'y dépendait d'aucune règle et d'aucun chef, les autres que j'appelle *abbatiales,* parce qu'elles dépendaient de l'abbé ou du prieur d'un monastère; d'autres que je nomme *épiscopales,* parce qu'elles relevaient de l'évêque. Ces deux dernières se subdivisent en recluseries *basilicales,* c'est-à-dire qui attenaient à quelque église principale; en recluseries *sacellaires,* c'est-à-dire attachées à un petit oratoire ; et enfin en recluseries *anaïques,* c'est-à-dire isolées de tout lieu saint, en particulier du monastère, de la cathédrale ou de la paroisse.

De ces diverses espèces de recluseries aucune n'est étrangère à mon travail, et si je ne fais pas en particulier l'histoire de chacune, la chose évidemment serait impossible, du moins ne négligerai-je pas de faire connaître ce qu'elles ont de caractéristique et de différentiel, quels personnages illustrèrent telle ou telle forme de reclusion, quels siècles, quelles époques se prêtèrent davantage à leur naissance, à leur progrès, à leur développement. Quant aux dénominations spéciales que je viens de leur donner dans ce dernier paragraphe, on ne les retrouvera pas chez les anciens, mais j'ai cru devoir les employer pour mieux exprimer ma pensée et fixer d'une manière plus précise les idées du lecteur.

CHAPITRE II.

Origine et triple phase de la reclusion.

Reléguer vaguement, comme on le fait aujourd'hui, la reclusion parmi les institutions du moyen-âge, c'est ignorance ou tactique maladroite si elle n'est pas malveillante.

En effet, qu'elle se soit régularisée, propagée à l'ombre des principes de foi qui ont fait de cette longue série de siècles une grande épopée chrétienne, rien n'est plus juste; et à défaut de preuves ce livre, où vont abonder les dates du neuvième, du dixième, du onzième siècle, en deviendrait un témoignage irrécusable. Mais que la recluserie soit une œuvre antérieurement inconnue, c'est une erreur hautement démentie par les faits. La reclusion est fille tout ensemble et de la croix et du désert. Son origine se rattache par sa nature et par le fait même de son existence à celle de la vie régulière, dont elle est le plus sublime échelon et le dernier anneau.

Je laisse de côté l'appréciation purement humaine de la vie régulière, d'autres circonstances feront naître d'elles-mêmes l'occasion de la faire, je m'arrête au principe religieux, le seul après tout qu'il faille ici consulter, puisque la reclusion n'eut pas d'autre origine, comme je l'établirai plus tard.

Le Seigneur avait dit : « Si tu veux être parfait, vends tes biens, donnes-en le prix aux pauvres, et suis-moi, et tu auras un trésor dans le ciel; » et l'apôtre saint Jean : « Gardez-vous d'aimer le monde et toutes les choses qui sont dans le monde; » et l'apôtre saint Paul : « Le monde m'est crucifié et je suis crucifié au monde. »

Ce principe de séparation appliqué plus ou moins étroitement, selon la portée des esprits, la mesure de la grâce et l'instinct de la vocation, ce principe a produit toutes les merveilles de l'ascétisme chrétien.

En effet, il embrasse avec leurs conséquences logiques ou saintement passionnées tous les genres de renoncement, depuis celui que pratique dans le monde un chrétien qui redoute la séduction et va, sous l'aile de la grâce, s'abriter dans l'étroite cellule de son cœur jusqu'à celui qui se réalisait dans les cénobies, dans les ermitages et sur le seuil des recluseries fermées par la main des abbés ou des pontifes.

Le premier genre de reclusion mystique et purement intérieur est la matière la plus ordinaire des discours, traités, exhortations, règlement des maîtres de la vie spirituelle. Il serait superflu d'en parler dans cet ouvrage; citons seulement un passage du dévot François de Sales, fort approprié à notre sujet : « Retirez donc quelquefois votre esprit dedans vostre cœur, où séparée de tous les hommes vous puissiez traicter cœur à cœur de vostre âme avec son Dieu, pour dire avec David : « J'ay veillé et ay esté semblable au pélican » de la solitude; j'ay esté fait comme le chat-» huant, ou le hibou dans les mazures, et » comme le passereau solitaire au toict; » lesquelles paroles, outre leur sens littéral, nous montrent en leur sens mystique trois excellentes retraictes, et comme trois hermitages, dans lesquels nous pouvons exercer nostre solitude à l'imitation de nostre Sauveur, lequel sur le mont de Calvaire fut comme le pélican de la solitude, qui de son sang ravive ses poussains morts; en sa nativité dans une establerie déserte, il fut comme le hibou dedans la mazure, plaignant et pleurant nos fautes et péchés; au jour de son ascension, il fut comme le passereau, se retirant et volant au ciel, qui est comme le toict du monde : et en tous ces trois lieux, nous pouvons faire nos retraictes emmy le tracas des affaires (1). »

Le second genre de reclusion a revêtu diverses formes. Ainsi quand vers le milieu du III° siècle, les chrétiens fidèles s'enfouirent aux catacombes, ce fut un premier pas vers la reclusion. Mais c'était là un point de réunion nocturne, non un genre de vie, et pour être ténébreux et profond, l'isolement n'en restait pas moins apparent, puisque la foule de ces nobles aspirants au martyre y grossissait selon la tempête, puisqu'on y offrait dans le silence des nuits l'adorable Sacrifice, puisque tous

---

(1) *Introduction à la vie dévote,* partie II, chap. 12.

agenouillés à la même table s'y pressaient en recevant leur Dieu. Quand un certain nombre de ces âmes d'élite se retournant vers le désert, élancèrent leur vol jusqu'à la Thébaïde, la reclusion se déploya dans toute la pompe de ses renoncements et la diversité de ses formes.

Les prodiges les plus éclatants signalèrent son apparition parmi les hommes. Non-seulement au fond des bois se cachait la tente mobile de l'anachorète, sur la pente des montagnes se dressait la cellule de l'ermite, au fond des vallées, aux flancs des collines, s'élevaient, se cramponnaient les laures et les cénobies; mais encore un incroyable besoin d'isolement et de retraite, poussant les esprits, fixa les uns dans les fentes et les crevasses des rochers, ensevelit les autres dans de sauvages masures qu'ils disputaient aux bêtes immondes ou féroces. On ne fera pas ici sans une douce émotion le rapprochement de cette vie libre et volontaire avec la vie si traquée, si torturée des justes de l'ancienne loi, dont parle l'apôtre saint Paul : « Ils ont passé leur vie errant dans les déserts et dans les montagnes, se retirant dans les antres et dans les cavernes de la terre; ils ont été lapidés, sciés, éprouvés en toute manière; ils sont morts par le tranchant de l'épée; ils étaient fugitifs, couverts de peaux de brebis, et de peaux de chèvres, étant abandonnés, affligés, persécutés ; eux dont le monde n'était pas digne. »

Alors les hommes étaient devenus des anges, le désert devint un nouveau ciel, chaque grotte recéla un prophète, chaque caverne retentit de saints transports, les sépulcres eux-mêmes s'étonnèrent d'être habités par des êtres vivants. Que restait-il à faire pour compléter la transformation et arriver au dernier phénomène de la séparation religieuse? Un seul pas; mais il était immense, hardi, présomptueux peut-être à parler humainement. N'importe, il était dans la nature de l'esprit humain, qui marche toujours tant que d'infranchissables barrières ne se dressent pas devant lui; il était dans la nature de la grâce qui pousse toujours les âmes en avant : ce pas, la reclusion le fit, et voici dans quel ordre elle procéda.

Tous les fleuves n'arrivent pas à l'Océan par le même cours et dans la même direction, de même les élus de Dieu n'arrivent pas au ciel par la même route ni par la même vocation. Les uns, contents de la portion qui leur est échue dans le siècle, y vivent occupés de fonctions diverses qu'ils remplissent avec vigilance et sanctifient avec amour. Tels furent les premiers chrétiens qui osèrent braver ou la terreur du glaive ou la séduction des exemples, en continuant à vivre au milieu d'un monde lequel ne savait que les entraîner au mal ou les persécuter; d'autres, redoutant pour leur faiblesse l'épreuve des persécutions, ou celle, plus terrible encore des passions et des scandales, se réfugièrent dans des maisons de retraite, où ils vécurent sous le toit d'une règle austère et sainte. A quelques âmes plus énergiques, à quelques esprits plus pénétrés, il semble que cette vie de famille était, malgré ses rigueurs, trop douce encore pour un enfant de la croix, et on les vit, s'écartant des monastères, aller vivre dans les forêts avec les bêtes fauves, ou se construire des cabanes, ou se creuser des grottes dans le rocher, trop heureux de recevoir des mains de la charité fraternelle, et quelquefois de la main de Dieu même, le peu d'aliments qui soutenaient encore une existence éprouvée par tant de privations.

Mais après tout, elle avait ses charmes encore, cette vie; des hommes étonnamment mortifiés le pensèrent. Après tant de renoncement, il restait encore à l'anachorète et à l'ermite, le spectacle de la nature, la fraîcheur des bois, la visite des Pallade, des Mélanie, et par-dessus tout, la liberté! Car, non-seulement l'ermite dans sa cellule était le maître de ses démarches, l'anachorète avait pour domaine l'immensité des bois; mais, au besoin, ils pouvaient rentrer l'un et l'autre au monastère. La vie de cellule et la vie cénobitique étaient rapprochées par des nœuds assez étroits, pour qu'on vît passer familièrement, de l'une à l'autre, des religieux fervents et longtemps éprouvés. Eh bien! il se rencontra des chrétiens assez jaloux des droits de Dieu sur l'homme, assez ennemis d'eux-mêmes, pour sacrifier ces faibles restes d'une liberté crucifiée déjà par les austérités de la cénobie, ou par l'isolement du désert; ils demandèrent qu'on refermât sur eux la porte de la cellule, qu'ils s'étaient choisie. Ainsi, d'échelon en échelon, en passant du monde au monastère, du monastère à la cabane ou à la forêt, et de celles-ci à la reclusion, on franchit tout l'espace qu'il soit donné à l'homme de parcourir en ce genre.

Toutefois le passage fut rapide. Tout auprès

du berceau des cénobites se montrent les premiers exemples de la reclusion religieuse, la seule dont nous ayons à parler désormais.

En effet, à peine vous mettez le pied sur le seuil de la Thébaïde, que votre œil surpris y rencontre à quelques pas des premiers monastères, une recluserie murée, celle d'Antoine. A partir de là, comme d'un point culminant, il est aisé d'embrasser d'un regard toute la suite de la reclusion, qui se déroule à vos pieds avec ses débuts faibles d'abord, quoique nettement accentués, avec son individualisme, ses périodes successives et ses immenses développements.

L'histoire du monachisme est encore celle de la reclusion : l'un et l'autre nés en Egypte, s'élancèrent de là dans tout l'Orient d'abord, puis jusque dans l'Occident, qu'ils peuplèrent de leurs monastères et de leurs cellules.

Seulement la reclusion s'éteignit et mourut la première, comme se flétrit et meurt avant le tronc la branche la plus élevée de l'arbre, quand vient à s'appauvrir la sève et qu'elle ne monte plus que languissamment d'une racine mourante et desséchée.

Dans le long intervalle qui sépare l'origine

des recluseries d'avec leur décadence, on peut, ce me semble, distinguer trois phases différentes. Antoine, le patriarche, la Madeleine de la Thébaïde, Thaïs, Acepsimas, jettent les premiers fondements de la recluserie; mais leur reclusion, ou temporaire, ou perpétuelle, n'a d'autre règle que la constance de leur saint projet; leur volonté seule, ou celle de leurs guides, en fixe la durée : c'est la reclusion arbitraire et spontanée. Les historiens de cette époque sont Pallade, Théodoret, Cassien, saint Jean Climaque, etc. Bientôt les conciles, pour remédier aux abus qui se glissaient dans la cellule, mettent des conditions à l'entrée en reclusion, prescrivent la perpétuité des vœux et de la clôture; c'est la reclusion sous l'autorité des prélats. Saint Grégoire de Tours est l'historien le plus important de cette époque; c'est la seconde phase de la reclusion. Enfin, la religion satisfaite de cette longue épreuve, adopte l'institution comme sienne, trace des règles précises aux reclus, bénit leur entrée en cellule par la main de ses abbés ou de ses pontifes; c'est la troisième phase, la reclusion régulière et solennelle. Le moine Césaire, les *Annales* de Mabillon, les histoires particulières des Eglises nous fournissent d'amples documents.

Ces divisions, quoique nouvelles, n'en sont pas pour cela plus arbitraires; je les établis sur des faits. Il faut avouer cependant qu'elles n'ont pas une précision rigoureuse, qu'elles s'enchevêtrent plus d'une fois les unes dans les autres, car telle localité jouissait encore de la liberté de la première phase, tandis que telle autre localité retenait déjà ses reclus sous la dépendance de la seconde et la solennelle régularité de la troisième.

Nous allons étudier successivement ces trois phases.

CHAPITRE III.

Première phase.

Si nous donnons à la première phase de la reclusion la qualification d'arbitraire et spontanée, c'est uniquement par opposition avec les phases suivantes où de sages conditions sont mises à l'entrée en reclusion; mais non point, on l'a compris sans doute, par opposition à la reclusion forcée que la justice humaine imposa parfois et sous la même forme à certains criminels. Cependant je mentionnerai en passant plusieurs reclus que la persécution fit martyrs, comme saint Pothin, dont on montre encore à Lyon, dans une crypte souterraine, l'étroite logette; comme le prêtre Eusèbe qui, sous l'empereur Constance, fut enfermé dans une petite chambre, où il mourut au bout de six mois ; comme les sept frères Dormants, qui, sous la persécution de Dèce, en l'an 253, furent murés dans une caverne, où ils s'étaient réfugiés, et dont les corps furent, après cent soixante-dix-sept ans, retrouvés frais et dans l'attitude paisible du sommeil.

On voit aussi dans notre histoire de France la reclusion imposée aux criminels, sous la forme religieuse. Témoin cette fameuse Renée de Vendômois qui, ayant été convaincue de vol, d'adultère et d'assassinat sur la personne de son mari, Marguerite de Saint-Barthélemy, seigneur de Souldai, fut pour cela condamnée à mort. En considération du duc d'Orléans, le roi commua sa peine. Entre autres punitions, le Parlement de Paris, la condamna, l'année 1485, à demeurer perpétuellement recluse et murée au cimetière des Innocents, au milieu des tombes et des charniers sombres. Aujourd'hui l'établissement pénitentiaire de Church-Hill, en Pensylvanie, ressemble presqu'en tout à la reclusion religieuse (1).

---

(1) Voir le rapport de M. Béranger sur le système pénitentiaire.

Toutefois, je me hâte de le dire, ces deux sortes de reclusion n'ont entre elles que des rapports matériels. Le sacrifice volontaire de la liberté fut toujours et sous les trois phases la condition principale de la reclusion chrétienne; nos reclus étaient les maîtres de leur choix et les artisans de leur destinée. Si je donne de préférence le nom d'arbitraire et de spontanée à cette première période, c'est que sous les deux autres il y eut des précautions prises contre l'indiscrétion du zèle, des entraves mises au sacrifice de la liberté, des règles à suivre, en un mot, ce fut la religion qui scella la clôture du pénitent. Sous cette phase, au contraire, où la reclusion n'apparaît qu'à certains intervalles, nulle intervention étrangère à l'individu ne gêna le cours de sa pensée; embrassa qui voulut ce régime austère. Aussi bien n'eut-il d'autre durée que celui de la ferveur, d'autres règles que celles de la conscience élevée, la plupart du temps, au degré de la contemplation la plus sublime.

On comprend que les premières recluseries furent *acéphales et anaïques,* c'est-à-dire indépendantes et isolées. En se faisant reclure, le pénitent se retranchait entièrement de la communauté des hommes, et, pour l'ordinaire, il n'entendait d'autres voix humaines que celle du disciple familier, qui lui apportait de grossiers aliments; de même, tout en conservant les rapports essentiels avec l'Eglise, il se privait de la fréquente participation aux divins mystères; seulement quand les abbés ou les évêques envoyaient les eulogies aux solitaires, le reclus recevait aussi Notre Seigneur par son étroite fenêtre. Je ne rencontre à cette époque qu'un seul exemple, et c'est Théodoret qui le rapporte en ses *Vies des Pères,* d'un prêtre reclus disant la messe dans sa cellule.

Ce fut en Egypte que commença la recluserie chrétienne. Le premier exemple dont il soit fait mention, dans les *Vies des Pères du désert,* est celui du grand patriarche Antoine, qui mena tour à tour la vie des ascètes, celle de reclus et celle enfin de cénobite.

Agé de vingt et un ans, il se retira, l'année 272, dans une solitude voisine de Côme, sa patrie. Bientôt le désir d'un isolement plus entier porta le saint à s'ensevelir dans un vieux sépulcre, où un de ses amis lui apportait du pain de temps en temps. Agé de trente-cinq ans, il s'enfonce plus avant dans le désert, passe le bras oriental du Nil, se réfugie au sommet d'une montagne qui dominait une vieille ruine, et s'y enfouit pendant plus de vingt ans, ne parlant à qui que ce soit, ne voyant personne autre que le disciple qui lui fournissait sa nourriture accoutumée. L'an 305, il sortit de cette retraite si cachée pour fonder le premier de ses monastères, celui de Phaïum. En 314, à son retour d'Alexandrie, où il s'était courageusement transporté pour soutenir la foi persécutée par les Ariens, il rentra dans une de ses maisons, résolu de dire aux hommes un éternel adieu. Antoine se fit donc construire une cellule qu'il ordonna de murer sur lui. Mais il ne finit point ses jours dans cette nouvelle retraite, il revint à Phaïum. Le reste de la vie du premier reclus appartient au cloître et au désert. Antoine mourut l'an 356, âgé de cent cinq ans.

Nous ne voyons pas que ce grand personnage de la vie cénobitique ait jamais eu la pensée de fonder une reclusion régulière, d'en jeter du moins les bases, d'en tracer les règles, d'en fixer les limites et d'en prévoir les abus. Mais Antoine donna l'exemple d'une vie jusqu'alors inconnue; c'était répandre sur le sol du désert un germe fécond, et de son vivant le grand cénobite put voir, de ses yeux, un des faits les plus curieux et les plus intéressants de la reclusion.

De son temps en effet, vers le milieu du ive siècle, vivait en Egypte une courtisane fameuse : Thaïs avait reçu pourtant une éducation toute chrétienne; mais les sentiments de la grâce furent étouffés en elle par l'amour du plaisir et la fureur d'un gain infâme. Abusant de tous les dons qu'elle avait reçus de la nature, elle se précipita dans les plus monstrueux excès. La publicité du scandale en vint au point d'émouvoir la Thébaïde elle-même. Paphnuce, touché de la perte de tant d'âmes séduites par la malheureuse courtisane, Paphnuce a recours au stratagème suivant. Il revêt un vêtement séculier, et vient frapper à la porte de la pécheresse; il demande à lui parler dans le lieu le plus retiré de ses appartements. — « Que craignez-vous, lui dit Thaïs? Les hommes? il n'y en a point ici. — Dieu? en quelque part que nous soyons, prétendez-vous échapper à sa vue? — Quoi, reprit hardiment Paphnuce, vous croyez qu'il y a un Dieu et vous osez l'outrager par d'infâmes débordements? » — Le discours de Paphnuce, la grâce, les remords, changent en un instant le cœur de la pécheresse. Elle demande trois jours pour mettre ordre à ses affaires. Paphnuce retourne au désert. Thaïs prend ses meubles, ses bijoux, ses ajustements, et fait de tout cet appareil de séduction un monceau qu'elle livre aux flammes, au milieu de la voie publique; puis elle va trouver Paphnuce et lui demande à faire pénitence. Le saint anachorète interroge le zèle et les forces de la néophyte, pèse d'une main le scandale et de l'autre la réparation qu'il exige; puis, d'après le consentement formel de la convertie, il la renferme dans une cellule murée, sur la porte de laquelle il met un sceau de plomb; comme s'il eut fait de cette étroite demeure le tombeau de la fille repentie.

Les sœurs d'un monastère voisin lui apportaient chaque jour un peu de pain et d'eau qu'elle recevait par la petite fenêtre qui donnait en même temps passage aux rayons du jour. Thaïs avait oublié le langage si simple et si touchant de la prière, Paphnuce le lui enseigna, mais dans une oraison bien courte et bien énergique : « Vous n'êtes pas digne de prononcer de vos lèvres souillées le nom pur du Seigneur, ni d'élever au ciel des mains pleines d'iniquités. Tournez-vous vers l'Orient et répétez ces paroles : « *O vous qui m'avez créée, ayez pitié de moi.* » Thaïs continua trois ans de faire cette prière, qu'elle accompagnait de beaucoup de larmes; elle n'osait appeler le Seigneur, ni son juge, ni son père, ni son Dieu.

Au bout de ce temps, Paphnuce alla consulter Antoine, l'oracle du désert, pour savoir de lui s'il était temps de mettre un terme à la pénitence de Thaïs. Ils convinrent l'un et l'autre de consulter un saint religieux appelé Paul-le-Simple. Ils passèrent tous les trois la nuit en prières. Le matin étant venu, Paul déclara que Dieu avait préparé à la recluse une place dans le ciel. Il avait vu, dans le séjour bienheureux, un lit magnifiquement décoré sur lequel les anges jetaient des fleurs. « Est-il destiné à mon père Antoine? avait demandé le cénobite. — Non, mais à la pécheresse Thaïs, avait répondu, d'en-haut, une voix mystérieuse. » Ils rendirent donc grâces au Seigneur, et Paphnuce retourna vers la cellule de la pénitente dont il brisa le sceau. Thaïs conjurait le vieux solitaire de lui laisser finir ses jours dans la même austérité de vie. Paphnuce lui déclare qu'elle a satisfait le Seigneur par sa pénitence. « Il est vrai, dit Thaïs, que je n'ai pas cessé un seul jour de pleurer mes péchés. » — « C'est pour cela qu'ils sont effacés, » reprit Paphnuce ; et ouvrant la porte de la recluserie, il remet cette âme généreuse aux autres sœurs du monastère.

Mais les années de Thaïs étaient comptées, elle ne survécut pas plus de quinze jours à sa rigoureuse pénitence. Sa fête est marquée au 8 octobre, dans le Ménologe des Grecs, et c'est sous la même date qu'on retrouve sa vie dans nos hagiologistes, comme Baillet, Godescard, Surius, etc.

On ne peut douter que l'histoire de Thaïs n'ait fait grand bruit dans le désert ; et comme il n'y avait là qu'une seule pensée, le ciel, qu'un seul besoin, la pénitence, il ne serait pas surprenant que l'exemple de la pécheresse eût trouvé nombre d'imitateurs.

Ainsi, dans le monastère de Saint-Saba et dans le temps où vivait Jean le Sabaïte, un reclus fort célèbre, nommé Callimaque et à qui on donna le surnom de Grand, mena la même vie qu'Antoine et Thaïs, dans l'enceinte du couvent. On trouve encore, dans les *Vies des Pères*, d'autres noms de reclus.

Ainsi, sur le haut d'un rocher, près de Lycopolis, au nord de la Thébaïde, habita, en perpétuelle reclusion, une cellule murée où il mourut l'an 394, saint Jean d'Egypte, illustre par ses prophéties, ses miracles et le concours du peuple, d'étrangers particulièrement, qui accouraient recevoir ses avis. Dans le nombre, il faut compter surtout Evagre, et Pallade qui a écrit sa vie.

Ainsi, dans le diocèse de Nazianze, parmi les religieux, il se rencontrait des reclus au témoignage de saint Grégoire. Dans un poème adressé à Hellènes, intendant des subsides en 372, il dit : « Plusieurs d'entre les solitaires demeurent dans les cavernes, évitant la vue des hommes et ne cherchant que la tranquillité, amie de la sagesse; d'autres s'enferment dans d'étroites cellules, où ils ne voient jamais personne. »

Ainsi, sur la terre désolée de Sodôme, saint Siméon l'ancien rencontra un reclus que Dieu nourrissait miraculeusement dans sa retraite.

Mais arrêtons-nous à quelques souvenirs plus célèbres.

L'an 403, mourut à Gères, près de Péluse, en Egypte, saint Nilammon. Les habitants de Gères, ayant perdu leur évêque, l'élurent d'une commune voix pour le remplacer. Nilammon ne voulut point consentir à l'élection; d'abord il allégua tout ce que son humilité lui suggérait de raisonnements; puis il en arriva aux supplications et aux larmes. Théophile, patriarche d'Alexandrie, qui avait en cette qualité ratifié le choix du nouvel évêque, vint le presser de se rendre aux vœux des gérites. Nilammon, ne sachant plus quels moyens de défense employer, pria Théophile d'attendre jusqu'au jour suivant. Le lendemain étant venu, Théophile se présente à la cellule du saint reclus, lui ordonne enfin de sortir et d'accepter le fardeau que la main de la religion lui impose. « Du moins prions encore un instant, lui dit Nilammon, avant de faire abattre le mur de ma cellule. » L'un et l'autre s'agenouillent, celui-ci en dedans, celui-là en dehors de la recluserie, mais leur prière n'était pas achevée que le saint vieillard avait rendu le dernier soupir. Quand les murailles de sa logette furent tombées, on ne retira de là qu'un cadavre sans vie, dont les fidèles et le patriarche s'empressèrent de solenniser les obsèques. Son nom est marqué au 6 janvier dans le Martyrologe romain (1).

(1) Voir Sozomène, lib. 8, ch. 19; Godescard, 6 janvier; Bollandus, etc.

Trente ans après la mort de Nilammon s'éteignait, sur la colline des Oliviers, un des plus brillants flambeaux de la reclusion; une jeune fille nommée Marguerite, nouvelle Thaïs, fameuse, comme la première, par ses désordres et célèbre également par sa pénitence. Marguerite exerçait à Antioche l'état de comédienne. Elle traversait la ville sur un char de triomphe, couverte d'or et resplendissante de pierreries. Lorsque le cortége passa devant le lieu où étaient rassemblés les prélats du concile (1), l'archevêque d'Héliopolis, Nonnus, prêchait; son éloquence touche le cœur de Marguerite, elle descend de son char, se jette aux pieds de l'évêque, lui fait l'aveu de ses fautes. Au retour, elle distribue aux pauvres tous ses biens, change son nom de Marguerite, qui lui rappelait les perles et les bijoux qu'elle avait portés dans le monde, en celui de Pélagie, se retire à Jérusalem, et sur le mont des Oliviers se fait bâtir une cellule, s'y renferme, y vit inconnue, cachant son sexe sous un vêtement d'homme; elle mourut vers l'an 432. Mais alors son tombeau mani-

---

(1) *Vie des Pères du désert*, par le P. M. Ange-Maria, t. VIII, l. 10, p. 187.

festa la vertu de sa pénitence, et de nombreux miracles signalèrent son pouvoir dans le ciel. Au XII° siècle, on conservait encore dans la grotte de Pélagie ses reliques, enfermées en un vase de grand prix.

Quelques vieillards racontèrent au deuxième concile de Nicée, 5° session, le fait suivant :

« Il y avait sur le mont des Oliviers un vieux reclus livré aux plus grandes luttes, il était assailli par le démon de l'impureté. Un jour que la tentation était plus forte, le vieillard se prit à se lamenter et à dire au démon : « Quand donc enfin me laisseras-tu en repos? éloigne-toi de moi, car tu as vieilli à me combattre et à me livrer des assauts. » Le démon lui apparut et lui répondit : « Fais-moi le serment de ne révéler à personne ce que je vais te dire, et alors je ne te tenterai plus. » Le vieillard jura ainsi : Par celui qui habite dans les cieux, je ne dirai à personne ce que tu m'auras confié. — Eh bien, reprit le démon, tu n'adoreras plus cette image, c'est à cette condition que je mets ma retraite. » L'image que le démon montrait au solitaire représentait Notre-Dame, la sainte Vierge Marie, Mère de Dieu, portant dans ses bras Notre Seigneur Jésus-Christ. « Laissez-moi maintenant, » répondit le reclus. Mais le lendemain il s'ouvrit de tout à l'abbé Théodore Eliot, qui se trouvait alors dans la laure de Pharo. « Mon Père, dit aussitôt l'abbé, vous êtes tombé dans un piége, en faisant au démon un pareil serment; vous avez bien fait de me le révéler : car il vaut mieux supporter la tentation et la combattre à outrance que de refuser à Notre Seigneur et à sa Mère le culte qui leur est dû. » Raffermi par cette parole et beaucoup d'autres qu'ajouta l'abbé, le reclus retourna dans sa cellule. Mais voilà que le démon lui réapparaît : « Qu'as-tu fait, méchant vieillard, lui dit-il? tu m'avais juré de garder mon secret et tu l'as révélé au premier venu. Je te le déclare, tu seras condamné comme parjure au jour du jugement. — Je t'ai juré le secret, en effet, reprit le reclus, mais je sais que ce serment est mauvais; car, en le faisant, j'ai promis d'apostasier l'auteur de mes jours et mon vrai maître; voilà pourquoi je ne t'écouterai pas. »

La ville de Cyr a fourni plusieurs reclus d'un grand renom : parmi les écrivains ecclésiastiques qui en ont parlé, je distingue surtout

Théodoret et les Menées grecques. C'est à cette double source que je puise le récit de la reclusion d'Acepsimas et de Marcien, récit que Raderus a copié dans son *Viridarium*, ainsi que la plupart des exemples, composant la première phase de la reclusion en Orient.

« Sous le règne de Théodose le Grand, Acepsimas (1) vécut soixante ans dans une petite cellule comme s'il eût été aveugle et muet, ne voyant jamais personne, ne parlant à qui que ce soit, mais se repliant sur lui-même; et de là s'élançant jusqu'à Dieu, il nourrissait son cœur des célestes contemplations. On ne parvenait à sa cellule, ou plutôt à son antre, que par de nombreux détours et des replis sinueux, de telle sorte qu'on ne le pouvait apercevoir de l'entrée. Pour nourriture, on ne lui apportait qu'un peu de lentilles broyées et attiédies, une fois la semaine; et pendant la nuit il se levait pour aller puiser à une fontaine voisine autant d'eau qu'il lui en fallait pour sept jours. Sur la fin de sa vie, la renommée de ses nombreux miracles porta l'Eglise de Cyr à lui offrir les honneurs du

---

(1) Il faut distinguer le saint martyr Acepsimas d'avec le reclus dont nous parlons.

sacerdoce. Il fallut faire violence à l'humilité du saint vieillard. Malgré les efforts des fidèles, il n'eut point cédé si l'espoir de quitter bientôt la vie n'eût adouci la crainte, que lui inspirait le poids du sacerdoce. »

Quant au reclus Marcien, il était issu du sang royal ; « foulant aux pieds les honneurs de son rang, il se retira au fond du désert, où il se bâtit une cabane si basse et si étroite qu'à peine il pouvait y loger son corps tout entier. Son vêtement consistait dans une simple tunique. Trois onces de pain par jour formaient toute sa nourriture. Au bout de quelques années, il admit sous sa conduite deux disciples, qui élevèrent leurs cellules près de la sienne. Marcien n'usa jamais d'autre lumière que de celle du jour, jamais de lampe ou de cierge bénit. Il n'avait d'autre livre que le Psautier. D'un signe de croix, il fit périr un énorme serpent, qui effrayait la contrée. Flavien d'Antioche et d'autres prélats recommandables vinrent le visiter et l'invitèrent à quitter sa logette et à se consacrer au salut des fidèles ; mais il s'y refusa. Pourtant la lumière ne resta pas obscure sous le boisseau. Il convertit un grand nombre d'hérétiques, qui venaient à lui pour le consulter. Craignant qu'on ne rendît, après sa mort, à sa dépouille les honneurs que son humilité lui avait fait refuser de son vivant, il ordonna à son disciple Eusèbe, et l'obtint sur la foi du serment, qu'il ensevelirait nuitamment son corps, et si secrètement que nul œil mortel ne pût jamais le découvrir.

Il y eut encore un certain nombre de reclus fameux à cette époque, comme David de Mésopotamie, dont parlent Jean Moschus dans *le Pré spirituel* (1), et Pallade, qui le visita. Le saint vieillard demeurait tout près de Thessalonique, dans une cabane qu'il n'avait jamais quittée depuis quatre-vingts ans. Aux approches de l'invasion des Barbares, des sentinelles placées sur les murs de la ville, virent sortir par la fenêtre du reclus une grande flamme; ils ne doutèrent pas qu'il n'eut été, lui, mis à mort, et sa demeure incendiée par les Barbares. Mais le lendemain David fut revu sain et sauf, et sa cellule intacte. Chaque nuit le prodige se renouvela jusqu'à sa mort. Pallade en fut lui-même témoin; la gloire, dont il plaisait à Dieu de laisser tomber par avance

---

(1) Chapitre 69.

quelques rayons sur son vieux et fidèle serviteur, lui fit désirer avec plus d'amour celle dont ce grand roi comble ses élus dans le ciel.

Le reclus Addas, dont parle aussi Moschus, vivait dans le même temps et non loin de là, dans le tronc creux d'un platane. Il guérit miraculeusement un Barbare dont la main avait été paralysée, en se levant sur lui.

Le reclus Théonas, que visita Pallade, connaissait parfaitement les auteurs grecs et latins; il demeura trente ans sans dire un mot; il ne vivait que de légumes crus. On prétend que la nuit, quittant sa cellule, il s'enfonçait dans la profondeur des bois, au milieu des bêtes féroces, dont on retrouvait sans cesse les traces autour de son habitation. On lui attribue une foule de guérisons miraculeuses.

Alexandra était une jeune vierge, remarquable par sa beauté, mais plus encore par sa vertu. Pour se dérober aux dangereuses poursuites des libertins, elle alla cacher le trésor de son innocence au fond d'un sépulcre où elle se fit murer. Elle passa douze ans dans cette affreuse recluserie, ne songeant qu'à prier ou à s'occuper de travaux de laine; et, quand vint le moment de son passage, elle s'endormit doucement et sans douleur dans les bras de Jésus-Christ. La fille qui la servait, ne l'entendant plus prier, ni lui répondre, courut avertir les fidèles. On accourut au sépulcre; mais ce sépulcre dont la pénitence avait fait depuis longtemps sa demeure, la mort venait d'en faire son char de triomphe.

Pallade parle aussi d'une recluse qui habitait Jérusalem, d'un reclus, établi en Egypte et nommé Nathanaël, contre qui le démon employa les piéges les plus subtils et les plus délicats, dans le but de lui faire quitter sa cellule. Dans la vie de Constantin Copronyme, Cédrénus dit de saint Justin-le-Jeune, martyr, qu'il avait vécu soixante ans reclus sur une colline portant le nom de Saint-Auxence. Jacques le Syrien vécut aussi reclus; Procope (1) raconte que des personnes dévouées fermèrent sur lui la porte de sa cellule. Un certain Théodose fut arraché à sa recluserie pour être mis à la tête de la perception des deniers publics de la Thrace.

Mais « je veux de préférence vous parler de cet homme silencieux qui habitait le sommet

---

(1) *De bello persic.*, lib. I.

du Thoreb. Longues années de sa vie monastique s'étaient écoulées dans une coupable tiédeur; surpris par un mal terrible qui le conduisit brusquement et sans connaissance aux portes du tombeau, il reprit tout à coup ses sens et, sans répondre à nos empressements, il nous prie de le laisser seul et de nous retirer. Puis le voilà qui, de ses propres mains, commence à murer sa cellule et à s'y renfermer pour toujours. Il y vécut douze ans plus silencieux qu'un muet, ne recevant pour aliment que du pain et de l'eau, méditant à chaque heure sur le spectacle qui s'était présenté à ses regards à ce moment suprême; il se tenait droit, immobile, les traits fixes, l'air stupéfait et les yeux constamment humides de pleurs. Enfin, après douze ans d'une si rigoureuse pénitence, quand nous le vîmes, dit saint Jean Climaque, à qui j'emprunte ce récit, quand nous le vîmes sur le point de rendre le dernier soupir, nous abattîmes, le mur qui fermait l'entrée de sa cellule, et le conjurâmes de nous laisser comme un dernier adieu quelque sage maxime; nous ne pûmes en tirer que cette austère parole : « Celui » qui entrera sérieusement dans la méditation » de la mort, ne pourra jamais pécher. » Nous étions émus de ce langage, et presqu'épouvantés de voir l'étrange changement qui avait fait d'un moine indolent un pénitent austère et crucifié. Nous confiâmes à la terre d'un cimetière voisin ses chères dépouilles. Le lendemain, revenus au tombeau, nous ne trouvâmes plus le corps du saint. Sans doute que la clémence divine voulut nous montrer, par une merveille de plus, comment le ciel bénit les larmes et les labeurs de la pénitence. »

Passons en Occident, et, à travers les bouleversements qui agitèrent les dernières heures du monde romain, épions la naissante origine de la reclusion. C'était chose trop minime alors, qu'un pauvre pénitent qui s'en allait se reclure en solitude, pour que les premiers essais de ce genre de vie aient été sérieusement observés. De tels sacrifices ne furent d'ailleurs que des faits isolés, sans enchaînement traditionnel ou local, des inspirations spontanées, des dévouements élevés au sublime, qui se répétaient à d'inégales distances et de temps et de lieux, sous une même formule, et dans un même but, celui de la séparation absolue : espèce de syncrétisme religieux qui grandissait l'homme aux yeux de ses frères, encore plus parmi les Occidentaux habitués à l'aisance, hommes du dehors et du grand air, que chez les Orientaux, où la vie domestique, pour les femmes surtout, est mille fois plus intérieure et plus circonscrite.

Il serait donc difficile de nommer les Pères de la reclusion occidentale. Selon la méthode adoptée dans ces recherches, je suis l'ordre chronologique, et je place au premier rang ceux que la série des âges amène les premiers.

Deux grandes Eglises des Gaules pourraient se disputer l'institution de la recluserie : l'Eglise de Vienne et celle de Lyon. Selon toutes les apparences, l'Eglise de Vienne aurait eu l'honneur d'en être le berceau. Vers la fin du IVe siècle et sous l'épiscopat de saint Nizier, quinzième archevêque de Vienne, florissait un solitaire, nommé Aignan. Il était natif de cette ville et, selon Fleury, d'une famille noble. Ayant quitté le monde, il bâtit sous la ville une petite cellule, où il se renferma pendant plusieurs années. Toutefois, il est difficile d'établir qu'il fut un véritable reclus, il mourut évêque d'Orléans (1). L'Eglise de Vienne solennise sa fête, le 17 novembre.

---

(1) Chevert. *Histoire de l'Eglise de Vienne*, page 53.

Vint ensuite saint Léonien, Hongrois d'origine. Il fut amené dans les Gaules par les Barbares. Après avoir vécu quarante ans en reclusion, à Autun d'abord, puis à Vienne, il fonda, vers l'an 475, deux monastères de religieuses dans cette dernière ville, l'un de Saint-André, l'autre de Saint-Pierre, hors les murs, qu'il gouvernait du fond de sa cellule (1). On pouvait lui parler, mais il ne se laissait voir à personne. Il y mourut le 12 du mois de novembre; sa fête du moins est célébrée ce jour-là.

Louis, fils de Charles VII, n'étant encore que dauphin, fit rebâtir son tombeau qui était fréquenté depuis sa mort. On lit dans Chorrier (2), l'inscription qu'on grava sur sa tombe; elle dit en termes formels, que le saint vécut à Vienne, reclus dans l'enceinte d'une cellule particulière. Nous verrons sous les phases postérieures, la reclusion continuée dans cette ville de foi avec une persévérance, qui la dispense *d'envier aux autres villes les reclus qu'elles ont produits.*

Quant à notre illustre Eglise de Lyon, il serait facile de rattacher à sa couronne déjà si

---

(1) Chevert. *Histoire de l'Eglise de Vienne*, page 53.
(2) *Antiquités de la ville de Vienne*, liv. III, page 287.

brillante, la gloire de cette institution. S'il en faut croire au Père de Colonia, qui pourtant ne donne aucune preuve de ce fait, « il est fort vraisemblable que saint Badulphe, ou saint Badoul, qui jeta les premiers fondements de l'abbaye d'Ainay, a été un des plus anciens, et peut-être le premier de nos reclus. » Il vivait au commencement du IV° siècle (1).

Mais la tradition la plus constante de l'Eglise de Lyon, nous apprend que le premier fondateur des recluseries fut le grand Eucher, évêque de *Lugdunum*, la gloire de l'Eglise, et le plus grand homme de son temps.

Quelque connue que soit la vie du saint docteur, nous ne pouvons nous dispenser d'en donner ici un court résumé.

Eucher passa les premières années de sa vie dans la Gaule Narbonnaise (la Provence), où il était né d'une famille patricienne. La beauté de son génie, l'étendue et la variété de ses connaissances, lui attirèrent l'admiration de tous les orateurs d'alors, et l'estime de tout ce qu'il y avait de grands hommes dans l'empire. Il eut de Galla, son épouse, deux fils,

---

(1) *Hist. litt. de Lyon.*

Salonius et Véran, qu'il envoya étudier à Lérins, sous les yeux de saint Honorat, son ami, et sous la conduite de Salvien. Ils furent depuis évêques. Pour lui, dégoûté des vanités du monde, et, du consentement de sa femme, il se retira, vers l'an 422, dans le monastère de Lérins, et plus tard dans l'île de Léro (1), où il se fit reclus, s'il en faut croire nos vieux historiens; il écrivit, vers l'an 427, un livre admirable de la *Vie solitaire*, et son traité plus admirable encore du *Mépris du monde*, qu'Erasme préférait à toutes les autres productions des auteurs chrétiens. Vers l'an 434, on le tira de sa retraite pour le placer sur le siége de Lyon.

Voici comment l'un de nos historiens raconte sa retraite, son élection et sa translation au siége de la primatiale des Gaules : « Ce sainct personnage ruminant souvent en soy-mesme les estats caduques de ce monde, la briéfveté de ceste vie, la lubricité des plus hautes choses mondaines, le danger de se noyer entre les richesses et les délices....., ayant disposé de ses affaires familières et domestiques, avec sa

---

(1) Sainte-Marguerite.

femme Galla, pour la nourriture et l'entretenement de deux siennes filles, Tullie et Casortie, se retira et se reduit en une cauerne estant au territoire d'Aix, en Provence, sur le fleue de la Durence, au lieu de Mommars (aucuns ont estimé que c'est Montélimard), tant y a qu'il estoit seigneurs temporel de ce lieu. Puis il donna ordre que l'entrée de ceste caverne fust tellement murée et estouppée, qu'il n'y laissa qu'vne petite fenestre, ou larmier, par lequel sa femme lui administroit son manger. Ainsi vivoit Euchère, séquestré entièrement du monde, menant vne vie plus angélique qu'humaine.....

» Au surplus, ce bon sénateur étant ainsi reclus, il advint que l'archevêque de Lyon passa de vie à trespas. Et comme l'Eglise de Lyon estoit en peine pour se pourvoir d'un bon prélat et pasteur, il fut révélé par l'oracle d'un enfant que Dieu avoit destiné Euchère pour faire la fonction épiscopale à Lyon. Parquoy l'archidiacre et aucuns du clergé furent enuoyez là par où estoit Euchère, auquel ils firent entendre leur charge. Mais il avoit tant en horreur la figure du monde avec ses pompes et honneurs (mesmement lui ayant faict aspre guerre par escrit et y ayant renoncé de faict et de pensée) qu'il affirma par serment qu'il ne sortiroit iamais de sa cauerne, et que iamais il n'iroit à Lyon, qu'on ne l'y meneroit que par force, voire lyé et garroté.

» Les ambassadeurs de Lyon, voyant ce personnage obstiné en ceste résolution et ne le pouuans gaigner, commencèrent à vser de voie de faict, et de main-mise, et, démolissant la closture de la cauerne, tirèrent de léas, par force et par violence ce reclus, faisant de sa part insigne résistance. Mais finalement il fut lyé et garotté, et ainsi mené à Lyon, où il fut en grande ioie et célébrité ordonné évesque (1). »

Le même récit se trouve dans Severt, saint Aubin, Lamure, etc. Mais comme le remarque sagement le P. de Colonia (2), toutes ces merveilles deviennent suspectes dès lors qu'on les approfondit; on trouve qu'elles n'ont pour garants que des actes, à la vérité fort anciens, mais retouchés par une main grossière, qui les a défigurés en prétendant les embellir. Ce ne serait donc pas en mémoire de son premier genre de vie qu'il aurait institué les reclus;

(1) *Hist. de Lyon*, par Paradin, liv. IIe, chap. I, p. 65.
(2) *Hist. litt.*, t. I, p. 229.

il est plutôt à croire que les ouvrages ascétiques d'Eucher ayant eu le plus grand succès, une foule de personnes ont cherché à réaliser le genre de vie dont il se faisait le législateur.

Mais que saint Eucher ait ou non vécu dans une reclusion, ce qu'il est difficile de constater autant qu'il est aisé de le nier ou de l'admettre, toujours est-il, et cela paraît évident, continue le Jésuite historien, qu'on peut fixer à ce temps-là l'origine de nos reclus. Pour ce fait du moins, il existe une tradition immémoriale, que confirme un acte authentique du XIVᵉ siècle. C'est une ordonnance de l'archevêque, Guillaume de Thurey, que nous citerons plus tard en entier, et dans laquelle on lit expressément qu'Eucher avait créé, en faveur des reclus, une aumône de trois ânées de seigle par an et de dix deniers chaque semaine, aumône interrompue sous le prédécesseur de Guillaume, et que celui-ci rétablit par son mandement, daté de l'année 1359.

Ces recluseries auraient déjà revêtu le caractère des recluseries pontificales, car il paraît aussi qu'Eucher avait donné une règle à ses reclus; elle devait être en grande partie tirée de celle de Lérins; mais je n'ai, malgré toutes mes recherches, absolument rien découvert qui pût donner une idée de ce précieux document.

D'après tout ce qui vient d'être établi, le lecteur jugera s'il ne faut pas attribuer à l'Eglise de Lyon, l'origine des véritables recluseries dans les Gaules, et j'ajoute dans tout l'Occident. Car partout ailleurs je rencontre des faits isolés, ici seulement une institution régulière, officielle, permanente. Ainsi, lit-on dans saint Augustin (1), que certains moines, avant de se faire reclure, pourvoyaient d'avance à leur entretien, du moins pour plusieurs jours. Mais ces derniers mots, s'il les faut prendre à la lettre, semblent indiquer une reclusion purement temporaire. Quelques Eglises particulières offrent aussi des reclusions, qui remontent aux dates les plus reculées de l'introduction du christianisme dans les Gaules. A Châlon, par exemple, « un saint hermite, qui ne vivoit, comme le phénix, que de la rosée du ciel, bastit une petite chambre joignant un

---

(1) *De opere monachorum*, cap. 23 : *Nisi reponant sibi escas in plurimos dies includere se, ita ut faciunt, non valebunt.*

oratoire, qui lui servoit plutôt de tombeau. » L'église de Saint-Pierre a été élevée sur l'emplacement de cette casuette ou recluserie, tant la renommée de ce saint religieux était devenue chère aux fidèles (1).

Ces faits et d'autres semblables, à raison de leur isolement, n'ont rien de comparable à l'institution régulière, organisée et dotée à Lyon par le grand Eucher. Ce ne serait donc pas une conclusion partiale que celle qui attribuerait à notre Eglise la gloire d'être le berceau des recluseries latines ou occidentales, les seules dont la succession est parvenue jusqu'à nos derniers âges.

(1) *Illustre orbandale, ou l'histoire ecclésiastique de la ville de Châlon-sur-Saône*, t. II, p. 131.

CHAPITRE IV.

Deuxième phase. Reclusion sous l'autorité des prélats.

Les recluseries d'Eucher n'avaient déjà plus le caractère libre et indépendant des premières cellules de reclus; elles sembleraient même appartenir à l'époque que nous allons décrire; et, sans la date de leur fondation primitive, je n'aurais pas hésité à les classer dans les recluseries de la deuxième phase.

Cette deuxième phase s'ouvrit par des règlements de la plus grande sagesse et tous uniformes dans leur principale disposition, celle qui soumettait à l'examen et à l'approbation des prélats l'entrée en reclusion.

Quelqu'admirable en effet que fût le dévouement et la vie de ces généreux pénitents dont le nombre allait se multipliant, il était aisé de prévoir que de son côté la ferveur primitive irait s'affaiblissant. L'esprit et le cœur de l'homme sont ainsi faits! Il n'était pas plus difficile de comprendre qu'un zèle imprudent pourrait emporter au désert des imaginations vives ou des cœurs trop ardents, et les engager sous l'inspiration d'un moment à des renoncements au-dessus des forces humaines. Aussi, la recluserie qui ne s'était d'abord ouverte qu'à d'énergiques persistances, ne tarda pas à recevoir des hôtes inconstants et légers. La ferveur des premiers jours une fois passée, l'ennui de la solitude accablait de son poids l'indiscret qui, sans mesurer ses forces, avait osé ambitionner le fardeau d'une telle existence; et plus d'une fois la cellule, dont la veille on baisait avec amour le pavé, retentissait le lendemain de scandaleux murmures.

En conséquence, on vit nombre d'apostasies et de désertions qui maledifiaient l'Église et le désert. La même chose arrivait pour les ermites gyrovagues dont Cassien parle si éloquemment: « Plusieurs, dit-il, s'étant engagés témérairement dans la vie solitaire, n'ont pu supporter la vaste immensité du silence qui plane sur le désert et sont revenus au monastère, ou retournés au monde. » Ce qui décourageait l'anachorète, c'était l'horreur du silence et l'effrayante liberté des forêts; ce qui décourageait le reclus c'était l'angustie de sa logette. Pour ce double genre de vie, il fallait des caractères différents, mais un égal héroïsme; ce qui n'était, ni du grand nombre, ni de tous les jours. Pour corriger les mêmes abus, on employa le même remède. S'il ne fut pas toujours efficace, il fut sage du moins, et les mesures préventives qu'il établit en principe devinrent une règle dont, sauf quelques exceptions, l'on ne s'écarta jamais.

On lit déjà dans Sulpice Sévère (1), mort en l'an 429, la règle particulière aux anachorètes. Celles qui regardent les reclus sont d'une date un peu plus récente, et le premier exemple que j'en trouve dans les collections des pontifes est parti de l'Eglise de France.

Le concile de Worms, tenu en l'an 465, au 7º canon dit : « Il faut observer qu'on ne doit

---

(1) Dialogue 2 des moines d'Orient : *Non nisi, permittente abbate, discedant ex his qui..... acturi solitariam vitam se ad eremum conferunt.*

pas permettre aux moines de quitter la communauté pour entrer en des cellules isolées, excepté toutefois à ceux qui ont fait leur preuve dans les longs travaux de la vie religieuse, ou bien à ceux à qui une grande faiblesse rend une pareille vie nécessaire. Alors qu'une règle sévère leur soit donnée par les abbés. Mais pourtant que leurs cellules soient dans l'enceinte du monastère. »

Le concile d'Agde, en l'an 506, dit la même chose et dans les mêmes termes, au 28e canon. Le concile d'Orléans, tenu en 511, dans son 22e canon, établit la même règle.

Le concile de Tolède, l'an 646, remet aux évêques le pouvoir de faire rentrer dans les monastères les ermites et les reclus, dont la vie peu réglée serait un sujet de scandale pour l'Église.

Le concile de Francfort, qui eut lieu en l'an 794, porte dans son 12e canon la défense d'enfermer les reclus avant qu'ils aient reçu l'approbation de l'évêque ou de l'abbé, lesquels doivent décider eux-mêmes de leur admission en reclusion.

Pour ne pas revenir plus tard sur cette disposition, je rappelle ici que le règlement de

Francfort fut renouvelé dans un concile tenu à Lambeth, en 1330, par Simon Néphane, archevêque de Cantorbéry. Le 9° article de la constitution qu'il publia contient la défense expresse d'admettre des reclus ou des recluses, sans sa permission.

Mais le plus étendu et le plus expressif de tous les règlements sur cette matière, est sans doute celui du concile dit *in Trullo*, ou *Quini-Sexte*, en 692, dont un certain nombre de décrets sont passés dans la discipline de l'Eglise romaine. Le 41° canon entre dans de grands détails sur les épreuves à exiger des reclus. Avant de les enfermer, il exige quatre ans de probation dans un monastère, et l'obéissance aux supérieurs; ce n'est qu'après ce temps qu'ils obtiendront de l'évêque la permission d'entrer en reclusion. Elle sera perpétuelle, excepté les cas d'utilité générale, ou de quelque autre grave nécessité personnelle comme serait un danger de mort. Ceux qui voudraient après cela quitter leur cellule seront contraints d'abord de la garder, malgré eux; puis on cherchera à les ramener à de meilleurs sentiments par des jeûnes ou par d'autres pénitences.

Ce règlement important, fait dans l'Eglise grecque, ne fut pas de sitôt admis tout entier dans l'Eglise latine; quoiqu'il ne soit pas du nombre de ceux que réprouva le Siége apostolique. Mais la sagesse des dispositions qu'il renferme finit par triompher des résistances, et nous les verrons toutes sanctionnées par la règle qui fut donnée, dans le IXe siècle, à nos reclus. Quoi qu'il en soit, nous trouvons dans l'analyse de cette pièce tous les règlements organiques de la reclusion, sous sa seconde phase.

Ainsi, 1° *l'autorité des prélats*, c'est-à-dire des évêques et des supérieurs de monastères, est appelée à juger de la vocation du reclus, *ab ejus loci præsule examinari;* l'on ne fermera jamais sur le pénitent la porte de la reclusion, sans une nouvelle autorisation spéciale de leur part, *trahantur cum benedictione episcopi,* et cela après quatre ans d'épreuve, trois passées dans la vie commune du monastère, et dans l'obéissance aux supérieurs, *spatio triennii ei qui mansioni præest parere,* et la quatrième en une cellule à part, dans le monastère, selon le concile de Worms, *intra monasterii sæpta.*

Les prélats ne bornaient pas leur mission à

l'examen et à la probation du reclus, ils pourvoyaient à son entretien, surveillaient sa conduite, l'encourageaient dans ses peines et, à l'heure de la mort, ils l'assistaient et honoraient ses obsèques de leur présence et de leur dernière bénédiction, comme nous le voyons souvent dans saint Grégoire de Tours.

2° *La reclusion est perpétuelle.* S'il arrivait que le pénitent vint à se dégoûter de sa vie nouvelle, d'abord, pour l'honneur de la religion et l'inviolabilité du serment, on le forcerait à garder la reclusion, puis l'on songerait à son âme, en lui imposant de salutaires pénitences qui le ramèneraient de lui-même au devoir.

Il n'y a d'exception que le cas où le bien de l'Église et le très-grave intérêt personnel, exigerait la liberté du reclus. Saint Théodore le Studite exprime la même pensée.

3° Enfin, *une règle spéciale* et plus austère que la règle commune était remise au religieux, le jour même de sa consécration.

Il paraît assez naturel de penser que c'était, avec quelques modifications, la règle du monastère dans lequel le reclus avait fait ses années de probation; ou, si quelque règle particulière fut en vigueur dans certaines localités, ce qu'il m'a été impossible de découvrir, elle venait de l'évêque du lieu, de l'abbé, ou d'un reclus fameux dans la contrée. Il ne nous est parvenu, que je sache, aucune pièce de ce genre.

On voit par ces extraits, que la seconde phase de la reclusion diffère essentiellement de la première, surtout par la clause préliminaire de l'approbation du prélat, et par la condition expresse de la perpétuité. Cela suffisait pour fonder l'institution, nous verrons plus tard que les additions faites au principe, ne regardent que les détails d'un ordre subalterne.

Cette phase de la reclusion est la plus remarquable de toutes par les grandes vertus et les grands noms qui l'ont illustrée.

En Orient, la plupart des monastères un peu nombreux conservèrent sans doute les différentes formes, sous lesquelles se produisait le dévouement religieux, les réguliers, les ermites, les reclus.

Que de noms illustres ornent l'histoire de cette seconde phase de la recluserie! Nous lisons le trait suivant *In prato florum*, de Joseph Bullurdin.

« Deux baladins couraient le monde et menaient joyeuse vie sur le fonds si riche et toujours inépuisable de la crédulité publique : l'un d'eux, c'était le plus bouffon et le plus habile, fut saisi tout à coup de poignants remords. Comprenant toute l'indignité de sa conduite, il résolut de changer de vie, et pour cela d'entrer dans quelque monastère, ou bien encore de s'exiler au fond de quelque forêt. Plein de cette idée, il se déroba à son compagnon et s'enfonça dans une grotte profonde, qu'il découvrit au milieu d'un bois. Cette grotte avait un accès difficile, l'entrée s'en refermait avec une pierre. Edifiés de sa sainte vie, les habitants des villages voisins apportaient au reclus du pain et de l'eau, seuls aliments dont il voulut user. L'autre inquiet du sort de son confrère et plus fâché peut-être encore de voir, en l'absence de celui-ci, ses profits diminuer notablement, se mit à le chercher. Il avait erré déjà plusieurs années sans succès, lorsqu'il entendit parler de notre reclus; soupçonnant que ce pouvait être son ami, il se dirige vers la grotte indiquée, regarde par la petite fenêtre, et reconnaît en effet son ancien compagnon qu'il trouve en prière. Il veut aussitôt lui faire quitter sa tanière, et pour cela il emploie tour à tour la raillerie, la louange, les promesses. De son côté, le reclus entreprend de convertir l'histrion. Ni l'un ni l'autre ne réussissait dans cette lutte qui dura plusieurs jours, lorsqu'enfin le reclus fit semblant de céder aux raisons de son ancien confrère. Enchanté de sa victoire, celui-ci se précipite au seuil de la caverne, enlève la pierre qui en fermait l'entrée, fait parvenir une corde au moyen de laquelle le reclus sort de sa cellule; qu'on juge de la joie des deux amis....

Après un quart d'heure de marche, le reclus s'aperçoit qu'il a laissé son petit trésor dans la grotte, et fait part de cet oubli à son ami. On se décide à retourner à la caverne; le reclus engage l'ami à descendre, lui indiquant le lieu où se trouve, dit-il, le petit trésor grossi par la charité; l'autre descend, aussitôt le reclus referme sur son ancien compagnon l'entrée de la grotte et, se mettant à la petite fenêtre, l'exhorte à faire pénitence. On comprend la fureur de l'histrion, mais le religieux le conjure avec larmes de penser à son âme, à ses crimes, à son éternité. Le reclus forcé lui répond par des blasphèmes et les plus terribles imprécations.

Trois jours se passent de la sorte ; à la fin, la grâce agissant sur ce cœur endurci, l'emporte. Le reclus volontaire pénètre aussitôt dans la caverne, saute au cou de son ami revenu à Dieu, et tous deux achèvent là leurs jours, dans une vie de pénitence et d'expiation (1). »

Grégoire de Tours est pour cette époque, d'ailleurs si intéressante de la recluserie en Occident, le principal historien. Puisons donc à pleines mains dans son *Histoire des Francs*.

« Saint Friard, mort en 573, dans la Bretagne, près de Nantes, arrivé au terme de sa vie, envoya chercher l'évêque Félix, lui annonçant sa mort pour le dimanche suivant. L'évêque retenu par quelques affaires, pria le saint de l'attendre quelque temps. Lorsque les envoyés de Friard lui apportèrent la réponse, celui-ci était déjà sur son lit d'agonie. « Eh bien ! levons-nous, dit-il, et attendons notre frère, » et à l'instant la fièvre le quitta. Félix étant enfin arrivé, le reclus reprit la fièvre et embrassant Félix, il lui dit : « O prêtre

---

(1) Voir la fable du *Renard et du Bouc*. N'est-ce pas dans la lecture de ce récit que La Fontaine aurait puisé l'idée de cette petite pièce ? tant il est vrai que le christianisme est la source de tous les genres de poésies, depuis la majesté de l'épopée jusqu'à la simplicité de la fable.

saint, combien vous avez retardé mon voyage; » ils veillèrent ensemble et passèrent la nuit en prières. Quand vint le jour, le reclus mourut. A l'instant même toute la cellule trembla; elle fut remplie d'une odeur plus suave que les parfums les plus exquis. L'évêque lava le corps du défunt, l'enveloppa de vêtements convenables, et lui rendit les honneurs de la sépulture (1).

Le reclus Caluppo, dont le nom tiré du grec καλυπτω, je cache, signifie précisément reclus, vécut d'abord dans le monastère de Mélite et se retira ensuite dans une cellule, près de Clermont; quelques auteurs pensent que c'est au Puy-de-Dôme. Là, il fit jaillir miraculeusement une fontaine, opéra diverses guérisons par le signe de la croix, et mourut l'an 576.

Saint Léobard, natif d'Auvergne, fut l'un des plus célèbres reclus du VI° siècle; il se voua de bonne heure au culte du Seigneur. Ayant été fiancé, il renonça au mariage, vint à Marmoutiers, y entra dans une cellule taillée dans le roc, et laissée vacante par la mort d'un reclus qui l'avait déjà sanctifiée. L'étude des

---

(1) *Hist. des Francs*, liv. 4, ch. 37, et *Vitæ Patrum*, ch. 10.

saintes Écritures devint son occupation ; il les transcrivait pour éloigner de son esprit toute tentation. Il vécut ainsi vingt-deux ans, vénéré pour sa douceur et sa piété, et célèbre par ses miracles. Grégoire de Tours l'assista dans sa dernière maladie, l'enterra dans le sépulcre que le reclus lui-même avait taillé dans le roc. Un grand nombre de disciples vivaient autour de lui dans la prière, le travail des mains et la psalmodie, ayant néanmoins tous leurs cellules séparées. On célèbre la fête de saint Léobard le 18 janvier.

Il y eut aussi un prêtre reclus, nommé Patrolle, homme admirable qui ne buvait ni vin, ni bière, mais seulement de l'eau adoucie avec du miel. Sa seule nourriture consistait en un morceau de pain trempé dans l'eau et parsemé de sel ; ses yeux ne furent jamais appesantis par le sommeil, il priait continuellement ; sa prière obtint du ciel beaucoup de guérisons ; Grégoire de Tours fait le récit de ses miracles, il mourut âgé de quatre-vingts ans, en 577.

En ce temps-là, près de la ville de Nice, vivait un reclus nommé Hospitius, personnage d'une grande abstinence, il portait des chaînes de fer sur son corps nu, et se recouvrait par-dessus d'un cilice. Hospitius ne mangeait que du pain avec quelques dattes ; dans le Carême, il bornait même sa nourriture à des plantes communes en Egypte et dont les ermites font usage ; des négociants les lui apportaient. Le Seigneur daigna opérer par lui de grandes merveilles ; à une certaine époque, le Saint-Esprit lui annonça la prochaine arrivée des Lombards dans les Gaules, il la prédit en ces termes : « Les Longobards viendront dans les Gaules et dévasteront sept villes, parce que la malice de ce pays s'est accrue devant le Seigneur : « Il n'y a plus personne qui soit intelligent, personne qui recherche le ciel, personne qui fasse le bien pour apaiser la colère de Dieu. » Tout le peuple en effet est infidèle, livré au parjure, adonné au vol et prompt pour l'homicide ; il ne porte absolument aucun fruit de justice. On ne paie pas la dîme, on ne nourrit pas les pauvres, on ne couvre pas celui qui est nu, on ne donne pas au pèlerin l'hospitalité, ou du moins une suffisante nourriture quand il passe ; de là, le fléau qui nous menace. Maintenant je vous le dis, réunissez tout votre avoir dans l'enceinte des villes, afin qu'il ne soit pas pillé par les Longobards et fortifiez-vous dans les lieux les plus sûrs. « Quand il eut ainsi parlé, les peuples retournèrent chez eux; stupéfaits et pénétrés d'une profonde admiration.

Il dit aussi aux moines : « Et vous, retirez-vous d'ici, emportez ce que vous possédez, car elle approche la nation dont j'ai prédit l'arrivée. » Comme ceux-ci lui disaient : « Nous ne vous abandonnerons jamais, père très-saint. — Ne craignez rien pour moi, répondit l'homme juste, ils m'outrageront sans doute, mais le mal n'ira pas jusqu'à la mort. »

A peine les moines sont-ils partis que les premiers hommes de cette nation arrivent, ils ravagent tout sur leur passage et parviennent ainsi à la grotte du reclus. Hospitius se montra à eux par la fenêtre d'une tour, ceux-ci, investissant la tour, ne pouvaient trouver un passage pour arriver jusqu'à lui; alors deux d'entre eux montent sur le toit, le découvrent et voient le reclus couvert de chaînes et revêtu d'un cilice : « C'est un malfaiteur, disent-ils, il a
» commis quelque homicide, c'est pour cela
» qu'il est retenu dans les chaînes. » Appelant un interprète, ils demandent au reclus par quels crimes il a donc mérité le supplice d'une

4

si étroite prison, et le saint religieux d'avouer qu'il est un homicide, un grand pécheur, coupable de tous les crimes; à l'instant même un des Barbares tire son épée, il va lui en porter un coup sur la tête; mais sa main, encore étendue pour le frapper, se sèche et demeure immobile, et le glaive qui allait porter le coup tombe par terre. Témoins de ce spectacle, les autres Longobards poussent un cri vers le ciel, ils supplient la clémence du saint de leur pardonner et de leur indiquer ce qu'ils doivent faire. Hospitius guérit le bras du malade en lui imposant le signe du salut. A ce miracle, non-seulement cet homme se convertit à la foi; mais encore il se fait couper les cheveux sur le lieu même, et est aujourd'hui un moine très-fervent.

Deux des chefs qui écoutèrent les avis d'Hospitius rentrèrent vivants dans leur patrie, ceux au contraire qui les tinrent en mépris périrent misérablement dans la province même. Plusieurs d'entre ces derniers furent saisis par les démons, et ils s'écriaient : « Pourquoi, ô saint homme, ô bienheureux, pourquoi nous tourmenter et nous brûler ainsi ? » et lui leur imposait les mains et les délivrait.

A la suite de ce récit, Grégoire de Tours raconte plusieurs autres prodiges opérés par le saint de Dieu, puis il continue en ces termes : « Quand Hospitius vit approcher le jour de sa mort, il fit appeler le prévôt, et lui dit : « Ap-
» porte des outils en fer, perce la muraille, et
» envoie des messagers à l'évêque de la cité
» pour qu'il vienne m'ensevelir; car dans trois
» jours je sors de ce monde, je vais au repos
» qui m'attend et que le Seigneur m'a promis. »
Le prévôt envoya à l'évêque de Nice des messagers pour lui porter la nouvelle; pendant ce temps-là, un nommé Crescence vint à la fenêtre de la cellule, et, voyant Hospitius chargé de chaînes et rongé par les vers, il s'écria : « O
» mon maître, comment pouvez-vous supporter
» avec ce courage de si cruels tourments? — Il
» me fortifie, répondit le reclus, Celui pour le
» nom duquel je souffre tous ces maux; mais sois
» tranquille, voilà que je me dégage de ces
» chaînes et que je vais dans mon repos. » Le troisième jour étant venu, Hospitius dépose ses liens, se prosterne contre terre; après avoir prié longtemps et avec larmes, il se place sur un banc, étend les pieds, lève les mains au ciel et, rendant grâces à Dieu, il lui remet son

esprit. Tous les vers qui pénétraient ses membres à l'instant disparurent, et son corps devint beau. Eustadius, l'évêque de Nice, arrive enfin, ensevelit avec le plus grand soin le corps du bienheureux. Un miracle opéré à Lérins, par la poussière apportée de son tombeau, l'a fait mettre au nombre des patrons de cette île. Ses reliques étaient conservées dans la cathédrale de Nice, où l'on célèbre sa fête le 15 octobre.

Le 1ᵉʳ juillet 581, mourut saint Eparchius, ou Cybar, homme d'une éclatante sainteté. Eparchius opéra beaucoup de miracles; il était habitant de Périgueux, mais, entré dans la vie religieuse, il fut fait clerc et vint à Angoulême où il se construisit une cellule. Si on lui offrait de l'or et de l'argent, il l'employait à la nourriture des pauvres ou bien au rachat des captifs. Grand fut le nombre de ceux auxquels il rendit la liberté. Il détruisait avec le signe de la croix, le venin des pustules malignes, chassait par la prière le démon du corps des possédés, et par sa douceur forçait les juges, plutôt qu'il ne les priait, d'être indulgents envers les criminels. Telle était la suavité de son langage qu'on ne pouvait rien lui refuser.

Un jour qu'on menait pendre un voleur, pris

sur le fait même, voleur accusé du reste de beaucoup d'autres crimes par ses concitoyens, Eparchius, instruit de cette nouvelle, envoie un de ses moines demander la grâce du coupable. Mais le peuple, s'élevant contre cette demande et faisant entendre, que, si on le relâchait, il n'y aurait plus de sécurité dans la contrée, pas même pour la personne du juge, il ne put rien obtenir. Le criminel est donc étendu sur la roue, frappé à coups de verges et attaché au gibet. Quand le moine, tout chagrin, eut rapporté les choses à son abbé : « Va, lui dit ce dernier, observe de loin, car celui qu'un homme n'a pas voulu me rendre, sache-le bien, Dieu me le donnera. Pour toi, quand tu le verras tomber, prends-le et l'amène au monastère. »

Le moine alla donc exécuter les ordres du saint abbé; celui-ci se prosterna contre terre, et adressa au Seigneur ses supplications et ses larmes, jusqu'à ce que la corde qui liait le pendu se fût rompue, et que le supplicié tombât à terre. Le moine s'approcha du malheureux, le prit par la main et l'amena vivant à l'abbé, son bienfaiteur. Celui-ci, rendant grâces à Dieu, fit venir le juge et lui dit : « Vous aviez coutume, ô mon fils, de m'écouter avec bienveillance, pourquoi, plus dur aujourd'hui, n'avez-vous pas voulu relâcher l'homme dont je vous demandais la grâce? — Je vous aurais écouté volontiers, saint prêtre, répondit le juge, mais voyant le peuple s'insurger, je n'ai pu faire autrement dans la crainte d'une sédition. — Eh bien, dit le reclus, vous ne m'avez pas écouté, mais Dieu a daigné m'entendre, et celui que vous livriez à la mort, il l'a rendu à la vie; tenez, le voilà debout et en bonne santé. » A ces mots, le juge se précipite aux pieds du reclus, étonné de voir vivant celui qu'il avait laissé pour mort. Grégoire tenait ce fait du juge lui-même.

Eparchius vécut quatre ans dans sa cellule volontairement murée; après ce temps, il fut atteint d'une fièvre tout à fait bénigne et s'endormit presque sans douleur dans le sein de Dieu. On l'ensevelit avec solennité et un grand nombre de captifs rachetés par ses soins accompagnèrent ses funérailles (1).

Enfin saint Lupicin, reclus, s'enferma dans les murailles d'un vieil édifice, et s'y déroba complétement à la vue des hommes. Il avait

---

(1) Grégoire, *Hist. des Francs*, liv. 6, ch. 10.

fait pratiquer un petit canal pour amener les eaux du dehors, et une petite fenêtre, qu'il tenait toujours recouverte d'un voile, pour recevoir le peu de pain qu'il mangeait. Dans le jour, il portait sur sa tête une pierre énorme que deux hommes eussent eu peine à soulever; la nuit, pour ajouter encore à ses mortifications de la journée, il attachait aux bouts de son bâton deux pieux, et appuyait sa tête sur ce bâton horizontalement étendu afin de s'empêcher de dormir; il guérit beaucoup de malades avec le signe de la croix. Sur les derniers temps de sa vie, il crachait le sang abondamment; sa mort arrivant, il abattit la porte de sa cellule, fit entrer de nombreux fidèles qui lui apportaient le tribut de leur vénération, de leur confiance, de leur admiration, et mourut au milieu d'eux. Tous alors répandent des larmes, et, se prosternant, les uns baisent ses pieds, les autres se disputent les bords de ses vêtements; quelques-uns enlèvent aux murs les taches de sang dont il les avait couverts dans sa douloureuse maladie. Ils se fussent crus malheureux, s'ils n'avaient remporté quelques souvenirs d'un aussi grand saint.

Nous voudrions dire ici les vertus d'un Junien, d'un Platon, et de tant d'autres qui ont illustré les annales de la reclusion, mais la troisième phase de l'institution nous réclame, à elle maintenant notre attention.

CHAPITRE V.

Troisième phase de la reclusion.

Nous appelons cette troisième phase *régulière*, parce que la reclusion fut réglée par des observances solennellement et universellement adoptées, parce qu'elle fut constamment accompagnée de formes et de cérémonies inusitées jusqu'alors. C'est le point dominant de la recluserie. Comme toutes les institutions, celle-ci eut son enfance, son adolescence, sa jeunesse; la voilà parvenue à sa complète maturité. L'étude de cette importante période nécessite de plus amples développements que les deux précédentes.

Jusqu'à la fin du IXe siècle, la reclusion n'avait été assujétie à aucune règle générale, qui nous soit connue. Vint Grimlaïc, et les reclus reçurent un règlement qui plaça, sous des dispositions uniformes, toutes les recluseries d'hommes. Deux siècles après lui, le bienheureux OElrède donnait aux recluseries de femmes une règle devenue également célèbre. Saint Romuald établissait des conditions spéciales pour ceux de ses religieux, qui voudraient vivre en reclusion. Saint Bernard, Godefroy de Vendôme, Gerson, nous ont laissé des lettres à des reclus qui sont autant de monuments de sagesse. Ce sont là sans contredit les pièces les plus importantes de notre histoire ; il est donc essentiel de les faire connaître au lecteur.

Grimlaïc était un prêtre solitaire, et peut-être reclus, que les Pères Mabillon et d'Achery croient avoir vécu au ix° siècle. Il n'est bien connu que par la règle dont il est l'auteur et qu'il dédia à un autre Grimlaïc, de l'avis duquel il la composa. Il est parlé dans Flodoard d'un prêtre du même nom dont le pape Formose faisait tant de cas, qu'il écrivit à Foulques, archevêque de Reims, de le promouvoir à l'épiscopat dans sa province, s'il en trouvait l'occasion. Formose avait-il en vue notre Grimlaïc, comme le pense Fleury (1)? ou bien le prêtre son homonyme? C'est ce qu'il n'est pas possible de décider.

Quoi qu'il en soit, notre solitaire avait dans sa jeunesse étudié les belles-lettres, et regrettait ne pas l'avoir fait avec plus de soin. L'érudition qu'il déploie dans sa règle prouve qu'il avait amplement réparé les torts de ses premiers ans. Grimlaïc en a tiré les expressions de l'Ecriture sainte, des Pères grecs et latins, des anciennes constitutions monastiques, des Vies de saints, d'autres monuments ecclésiastiques, et surtout de la règle de saint Benoît, qui, au temps de Charlemagne était devenue la discipline générale des cloîtres en Occident (2). Les citations, qu'il emprunte à saint Arnould de Metz et à saint Philibert de Jumiéges, autorisent à penser qu'il écrivait en France. Cette règle de Grimlaïc se recommande surtout par l'ordre qui y règne, par la prudence éclairée qui perce à travers la piété la plus tendre. De bons juges, dont nous approuvons en tout la pensée, la regardent comme un manuel utile,

(1) T. 16, 21, in-12.
(2) Thomassin, *Discip. ecclés.*, t. I, p. 1518.

non-seulement aux religieux, mais encore à tous ceux qui sont engagés dans le ministère évangélique. On en doit la publication à Dom Luc d'Achéry qui la tira de deux manuscrits, dont l'un provenait de la bibliothèque de J.-A. de Thou, et l'autre lui appartenait. Il la fit imprimer en un petit volume in-16, qu'il enrichit d'une table et de notes marginales (1). Depuis, elle passa dans le code des anciennes règles publiées par Holstenius : Rome 1661, 2 volumes in-4°, et Paris 1663. Nous suivrons l'édition de Rome, où la règle de Grimlaïc se trouve au tome Ier, 2e partie, page 464 et suivantes (2).

Il en existe une traduction dans un ouvrage estimable et peu connu : *La solitude chrétienne*.

Cette règle, intitulée : *Regula solitariorum*, est composée d'un prologue et d'un corps de dispositions divisées en soixante-neuf chapitres, et non pas en neuf seulement, comme le dit par erreur la *Biographie universelle*, à l'article GRIMLAÏC.

Les premiers chapitres donnent des règles

---

(1) Paris, Edouard Martin, 1653.
(2) *Codex regularum quas sancti patres monachis et virginibus...*

générales d'ascétisme, et des préceptes particuliers aux reclus sur l'oraison, la mortification, la pauvreté, le recueillement, et autres détails de vie intérieure que la position exceptionnelle de nos reclus fait assez pressentir au lecteur. Les chapitres suivants concernent les qualités exigées du postulant, la durée des épreuves, la reclusion, la forme de la recluserie, les exercices du reclus et le reste.

Le reclus doit être d'un caractère modéré, chaste, sobre, prudent, humble, obéissant, affable, instruit dans la loi du Seigneur et capable d'instruire les autres avec sagesse (1). On l'éprouvera d'une manière sérieuse dans les pratiques du plus âpre renoncement. S'il persiste dans son désir, l'évêque, après ces épreuves, lui donnera la permisssion d'entrer dans la reclusion. On commencera par le renfermer, une année durant, dans une cellule, au sein du monastère, il n'en sortira que pour aller à l'église. On lui donnera pour conseil un religieux expérimenté, pour objet de méditation, la règle des solitaires. Si après avoir mûrement réfléchi, il persiste dans son dessein et promet d'observer

---

(1) Chapitre XV.

tous les devoirs de la reclusion, alors qu'on procède à la cérémonie.

L'année de probation, qui suffit aux moines, ne suffit pas aux prêtres séculiers, ni aux pénitentes, ni aux jeunes gens qui viennent du monde, pour être reclus. On ordonne pour ceux-ci deux années d'épreuves (1).

Au chapitre XVI°, on règle la forme de la recluserie, elle doit être de pierre et petite, dix pieds de long sur autant de large, elle sera entourée de fortes murailles, afin d'en fermer l'issue aux reclus et l'accès aux gens du dehors. Si le reclus est prêtre, la cellule aura tout à côté une chapelle consacrée par l'évêque, et, s'il n'est pas prêtre, un oratoire contigu à l'église, afin qu'il puisse, au moyen d'une petite fenêtre, offrir par les mains du prêtre ses oblations au sacrifice de la messe, s'unir aux prières et aux chants des religieux, et répondre aux personnes qui viendront le consulter. Un double voile recouvrira la fenêtre, afin de dérober aux fidèles la vue du reclus et celle des fidèles au reclus. Tout auprès de la cellule, il y aura un petit jardin où le reclus prendra l'air et pourra cultiver

---

(1) Chapitre XVIII.

quelques légumes. Hors de l'enceinte de la recluserie, on construira les cellules de ceux qui voudront être ses disciples. Ces cellules néanmoins seront contiguës à la sienne, pour que les néophytes puissent aisément recevoir ses avis et lui donner les provisions et les soins nécessaires.

Les reclus ne seront pas moins de deux ou de trois (1).

Lorsque deux reclus seront réunis, ils auront dans le même enclos chacun leur cellule murée; au moyen d'une ouverture pratiquée dans le mur de séparation, ils pourront conférer ensemble aux heures de l'office, de l'instruction spirituelle, de l'étude de la sainte Ecriture, et même des repas. Aux autres moments de la journée, la règle leur prescrit un grand silence, une paix profonde, une charité parfaite.

On voit que dans ce système, une recluserie n'était qu'un couvent en miniature. Cette règle d'association avait en vue d'obvier à l'orgueil des uns, à la mélancolie des autres, au relâchement, qui fût devenu possible à plusieurs. Elle avait de plus l'immense avantage de faire pra-

---

(1) Chapitre XVII.

tiquer une foule de vertus qu'une reclusion pleinement isolée laissait nécessairement dans l'oubli.

Le XX° chapitre regarde l'instruction nécessaire aux reclus. Je traduis en entier le premier paragraphe. « Le solitaire doit être docte, et ne pas avoir besoin de leçons. Il doit être sage et versé dans la connaissance de la loi divine, afin d'en tirer à propos des choses anciennes et nouvelles. Plusieurs motifs établissent la nécessité pour le solitaire d'être instruit des saintes Ecritures. Il doit l'être d'abord, à cause de l'astuce et des fourberies du diable, qui cherche à profiter de l'ignorance pour s'insinuer dans les âmes; ensuite, afin de pouvoir arroser des flots purs de la doctrine certaines âmes arides et desséchées qui s'ouvriraient à lui. S'il a des disciples, il faut bien qu'il les instruise. Or, pour toutes ces choses et pour beaucoup d'autres, la science des Ecritures est absolument nécessaire au reclus. S'il n'est qu'un saint, sa sainteté ne servira qu'à lui seul; mais si de plus il est versé dans la saine doctrine, il peut en instruire les autres; il peut repousser, ou même réfuter avec avantage, les subtilités des hérétiques, des Juifs et des autres ennemis de la foi. Dans ses conversations, il doit parler du mystère de la loi, des doctrines de la religion, de la vertu de continence, et de l'accomplissement de toute justice. Pour cela donc, il faut lire les divines Ecritures, parcourir les canons, étudier les exemples des saints afin de savoir ce qu'il faut dire, à qui, quand et comment il faut le dire, car à tous ne convient pas le même langage. »

Ces quelques lignes suffisent pour répondre à toutes les sottes déclamations de quelques écrivains contre l'ignorance des reclus.

Le second paragraphe du même chapitre recommande au solitaire une sage discrétion dans les paroles. L'évêque et le prêtre commandent avec autorité, ils reprennent, ils châtient, ils corrigent. Mais le reclus doit parler avec modestie, avec humilité, avec charité.

Au chapitre XXXVI°, la règle permet aux reclus la célébration du sacrifice, quand ils sont prêtres; et, quand ils sont laïques, la communion tous les jours. Cette messe quotidienne était le plus grand privilége de la reclusion. On l'appelait la messe solitaire, parce que le reclus pouvait la dire seul, sans servant et sans assistant. Cette coutume particulière fut bientôt adoptée par quelques prêtres séculiers; mais les conciles ne tardèrent pas à l'interdire, comme un abus.

Le XXXIX⁰ chapitre et le VI⁰ prescrivent le travail des mains, six heures par jour, si toutefois la nécessité ou la pauvreté n'en exigent pas davantage.

On comprend toute l'importance de ce règlement. Si vous en exceptez quelques âmes privilégiées et livrées par l'esprit de Dieu à tous les ravissements de l'extase, où donc est le moyen d'occuper sans le travail un homme éloigné de toute communication avec la nature et avec ses semblables? Cet isolement de la cellule, cette absence de toute distraction, cet abandonnement complet, cette oisiveté dévorante auraient agi trop vivement sur le moral du reclus, pour ne pas irriter les passions, exalter l'imagination, appeler dans son cœur toute la violence de ces tempêtes qui bouleversent les plus fortes natures. Que sais-je même, si toutes ces causes réunies n'eussent pas troublé dans plusieurs la sérénité même de l'intelligence. Sous le point de vue de la perfection religieuse, l'expérience avait depuis longtemps consacré la nécessité du travail des mains. « Les monastères de l'Egypte, disait saint Jérôme (1), sont accoutumés à un travail continuel et pénible. On le veut ainsi, non-seulement pour subvenir aux besoins des religieux, mais surtout pour chasser de leur esprit de dangereuses et coupables pensées. » Ailleurs, il dit avec grâce : « Le travail, la retraite et la pauvreté sont les titres de noblesse de la vie monastique. »

Ces travaux étaient de nature différente selon les climats, les forces, l'âge et les habitudes du reclus.

Les repas du reclus sont réglés par les chapitres XXII° et XL°. Ces repas, dont l'heure varie avec les saisons, le retour des fêtes et la combinaison des jeûnes, doit être pris durant le jour et jamais dans la nuit ou à la lueur de la lampe.

Le religieux peut manger deux sortes de mets cuits ou apprêtés; 1° des légumes, des œufs; 2° de petits poissons, mais ceux-ci aux jours de fêtes seulement. Il est libre d'y ajouter quelques fruits. On lui accorde par jour une livre de pain et une hémine de vin, à peu près un demi-litre. Dans le cas de maladie, le reclus

---

(1) *Epist. ad Rusticum.*

pouvait manger de la viande; les vieillards n'étaient point astreints aux sévérités de la règle, en ce qui touche aux heures et aux qualités des mets. Ce règlement, comme on le voit, est moins sévère que celui des Chartreux. Au reste, le vœu de la règle était que les reclus ajoutassent aux exigences prescrites des austérités de leur choix.

D'après le chapitre L°, la couche du solitaire consistera dans un bois de lit, un matelas, un cilice, un manteau et un oreiller. Il dormira ceint et vêtu. Il y a loin encore, vous le voyez, de ce lit au pavé glacé de la recluse de Hugo.

Au chapitre XLIX°, on modèle le vêtement du reclus sur celui des religieux de saint Benoît, c'est-à-dire, pour un reclus qui a été moine, deux tuniques et deux cucules noires. En outre, pour le prêtre, une chasuble, deux aubes, deux étoles. Pour le reclus séculier, la cucule est remplacée par le manteau (cappa), d'un simple tissu en été et fourré dans l'hiver. On lui permet encore une fourrure complète et deux habits de dessous. Le reclus était libre de porter des souliers ou des sandales, ou bien de marcher nu-pieds.

La règle s'accommodait du reste à la variété des climats, et permettait dans les pays plus froids des vêtements plus nombreux et plus chauds.

Au chapitre LI°, on donne au reclus des règles de propreté. Il y aura dans chaque cellule une baignoire, et le prêtre pourra se baigner quand il le jugera convenable, à cause de la pureté que demande la célébration des saints mystères. Le reclus ne laissera pas croître sa barbe et ses cheveux, au delà de quarante jours.

Au chapitre XLVIII°, on prévient le cas de maladie grave. Si le reclus tombe assez gravement malade pour ne pouvoir plus se servir lui-même, on brisera le sceau de la clôture, et les religieux du monastère voisin le serviront dans sa cellule, dont lui-même ne pourra sortir.

Tels sont les articles principaux de la règle de Grimlaïc. Il n'est pas besoin de réflexion pour en comprendre la sagesse et la modération. Elle ne renferme rien de si rude qui ne soit encore aujourd'hui pratiqué chez les Bénédictins et chez les Chartreux. Ces derniers n'ont pas même admis la modification consacréé par la dispense de Grimlaïc en faveur des malades, à qui l'on permet l'usage de la viande. Seulement la vie du reclus était plus isolée que la leur. En définitive, le seul point vraiment caractéristique de la reclusion, sous la règle de Grimlaïc, c'est l'isolement matériel; mais comparativement aux recluseries des deux premières phases, on peut dire que la cellule a grandi de toute l'expérience des siècles.

Il n'est pas possible de constater le succès de cette règle; nous manquons de documents précis à cet égard. Cependant la règle de saint Benoît, étant alors universellement répandue dans les monastères et celle de Grimlaïc n'en étant qu'un extrait, elle ne dut éprouver aucune opposition. En conséquence, on peut supposer, on peut même établir comme un fait, qu'elle fut universellement reçue dans les recluseries monastiques de l'Occident, où aucun caractère d'institution particulière, d'institution à soi, n'avait encore été donné aux recluseries. Très-probablement celles dites *épiscopales* lui firent un accueil aussi bienveillant, car le reclus, prenant par le fait même de sa vocation nouvelle l'attitude et les obligations monastiques, il était naturel qu'en l'absence de règles spéciales, l'évêque lui donnât celle qui avait cours dans tous les monastères.

Parmi les congrégations qui, nées après l'époque où écrivit Grimlaïc, auraient pu donner à la reclusion une forme et une règle particulières, je n'ai trouvé que les Camaldules, et voici la part des constitutions qui concerne chez eux la recluserie. Je l'extrais d'un livre intitulé : *Regola di S. Benedetto e costituzioni della congregazione degli eremiti Camaldolissi di Monte Corona, reviste e approvate dal Sommo Pontefice, Clemente nono. In Roma 1670.*

CONSTITUTIONS.

1° Un autre genre de vie, plus semblable à celui des anachorètes, fut, grâce à l'inspiration divine, trouvé par notre saint père Romuald, pour ceux qui, par le moyen d'un silence plus étroit et d'une plus grande solitude, aspirent au sommet de la perfection; c'est celui des ermites que nos pères appelaient anciennement *reclus,* parce qu'ils se renfermaient volontairement dans l'espace d'une cellule, entourée d'un petit jardin et privée de tout commerce avec les hommes. Selon cette manière de vivre, observée jusqu'à nos jours, la règle veut que, si des ermites profès demandent instamment à être reclus, après avoir passé cinq ans au moins après leur profession, on puisse le leur accorder, ou pour toujours, ou pour un temps, pourvu qu'on connaisse la bonne vie, les habitudes religieuses, la régularité, la fervente oraison et autres vertus semblables de ceux qui feront cette demande.

2° Le droit d'accorder la reclusion ou pour toujours, ou pour plusieurs années, est réservé au chapitre général. On ne doit la permettre pour un long temps qu'à ceux qui en auront fait l'épreuve plusieurs fois, ou du moins pendant un an. Cependant le prieur pourra l'accorder à quelques-uns des siens pour un an au plus; les autres officiers durant leurs fonctions, le maître des novices, le sacristain et le cellérier durant leur office, ne pourront donner cette permission.

3° On donnera aux reclus les cellules les plus isolées. Ils y auront un oratoire avec un autel et des ornements sacerdotaux. Ils auront un jardin entouré de murs. La loi perpétuelle de cette reclusion voudra que les ermites reclus soient comme tous les autres soumis au joug de l'obéissance, et toujours prêts à faire ce qu'on leur commandera; que, sous la plus grave peine, ils ne puissent jamais sortir de leur prison volontaire. Mais les supérieurs, qui leur auront accordé la grâce d'y entrer, conserveront toujours le droit de les en faire sortir quand bon leur semblera, que la reclusion soit temporaire ou qu'elle soit perpétuelle.

4° Que les reclus sachent bien qu'ils doivent observer un perpétuel et inviolable silence; qu'ils ne peuvent ni écouter les autres ermites, ni leur parler sans une permission expresse, écrite et signée du supérieur de la maison. On excepte seulement les jours de Saint-Martin et le dimanche de la Quinquagésime. Ces deux jours, par récréation et par charité, ils pourront parler avec les ermites, une seule fois.

5° Les reclus ne peuvent écrire des lettres ni en recevoir des autres ermites, ni de quelqu'autre personne que ce soit, sans l'aveu du prieur. Que s'ils contreviennent à cette règle de quelque façon que ce soit, ils seront condamnés à en faire pénitence par un jeûne au pain et à l'eau.

6° Ils diront l'office canonique dans l'oratoire de leur cellule, non pas quand bon leur semblera, mais quand sonnera la cloche qui appelle tous les religieux au chœur, le jour aussi bien que la nuit. Ils le diront avec toutes les cérémonies et observances, marquées dans les constitutions de l'ordre et dans les rubriques du bréviaire. Dans l'oratoire, ils porteront toujours le manteau; en y entrant, ils prendront de l'eau bénite; cette eau, ils la béniront tous les dimanches, ou bien la feront apporter bénite de l'église. Ils n'oublieront pas de gagner l'indulgence de la congrégation, et toutes les autres, s'il en est d'attachées à leur oratoire.

7° Le Jeudi saint, ils viendront à l'église commune, assisteront avec les autres ermites à la messe, à la communion, au repas et au *Mandatum* (1). Le Vendredi et le Samedi saints, ils assisteront de même à none et à la messe avec leurs frères. Tout le reste de l'année, ils seront fermés. Si le reclus n'est pas prêtre, il doit assister à la messe d'un prêtre

---

(1) On appelle ainsi l'Evangile qu'on chante au lavement des pieds, parce qu'il commence par ces mots : *Mandatum novum do vobis.*

reclus, la servir, et, avec la permission du supérieur, y communier. Le supérieur pourra aussi envoyer dans l'oratoire du reclus séculier un prêtre libre, pour lui dire la messe.

8° Et parce que ce religieux loisir demande encore de saintes occupations, chaque jour, outre l'office divin, les reclus réciteront cinquante psaumes de David, ajouteront aux lectures ordinaires, qui se font dans la communauté, une lecture spirituelle d'une heure; et la méditation accoutumée d'une heure, ils la feront de deux, en la partageant entre le matin et le soir.

9° En somme, ils mèneront une vie plus mortifiée que tous les autres. Ainsi, tout le temps des jeûnes de la communauté, ils peuvent, sans autre permission, doubler les abstinences ordinaires, et si, avec l'aide de Dieu, ils veulent vivre plus étroitement encore, ils en demanderont la permission au supérieur.

10° Ils seront libres de porter ou des sandales ou des souliers; ils pourront également porter le cilice pour la mortification de la chair.

11° Ceux qui seront reclus pour un temps n'auront point voix active au chapitre; et ceux qui se feront reclure à toujours n'auront ni voix active, ni voix passive.

Il est impossible de n'être pas frappé des sages modifications apportées dans la règle des Camaldules, à la perpétuité de la reclusion. D'un côté, le reclus aura dû s'éprouver dans la cellule isolée, en vivant comme les reclus ordinaires; mais, malgré cette épreuve, le supérieur aura toujours le droit de faire ouvrir la cellule et de rompre des liens qui pourraient devenir intolérables. Cette sortie de deux jours paraît peu de chose. C'était néanmoins un adoucissement bien appréciable; et la règle, qui le colorait d'un motif religieux, en avait sans doute calculé à l'avance les résultats moraux. Je n'hésite pas à le proclamer : la règle des Camaldules semble avoir envisagé de plus près la faiblesse humaine. Elle doit être le résultat d'une longue expérience; car, avec ses adroits tempéraments, elle parait à tous les abus; elle prévenait les fâcheux retours de l'inconstance et les moments affreux d'un satanique désespoir. Elle semble donner assez peu au travail des mains et aux labeurs de l'intelligence. On dirait que la prière occupe presque tous les moments du reclus. Toutefois, il n'est pas douteux que l'un et l'autre n'eussent leur part dans cette silencieuse vie.

Comme celle de Grimlaïc, la règle des Camaldules veut qu'il y ait dans la recluserie un oratoire et un petit jardin. Nul article ne dit la forme de cette recluserie; toutefois elle n'était point murée, mais simplement fermée, et du reste assez semblable à celle que j'ai décrite quelques pages plus haut. On peut en juger par les cellules qui subsistent encore à Frascati, dans leur maison *de Monte Corona;* c'est le prieur actuel qui a bien voulu m'envoyer, par l'intermédiaire de l'un de mes amis, le texte de la règle que je viens de citer : « J'ai vu, m'écrivait cet ami, le 3 juin 1837, la cellule d'un reclus, mardi passé; elle contient un lit, une chaise, une table, une petite cheminée, et quelques images pieuses. Cette cellule est grande de dix pieds carrés à peu près; au devant il y a un jardin d'une grandeur à peu près double de la cellule. Un religieux apportait au reclus sa nourriture, il la lui faisait passer par une espèce d'armoire extérieure qui communiquait à l'intérieur au moyen d'un guichet. En cas de maladie, un médecin était appelé et, s'il le jugeait convenable, le reclus était porté à l'infirmerie. » C'était encore là une importante modification à la règle de Grimlaïc. Aussi bien verrons-nous les derniers reclus chez les religieux Camaldules ; ce qui prouve également la sagesse de leurs constitutions et la persévérance de leur premier esprit. Il ne nous reste aucun monument de ce genre, provenant des recluseries épiscopales.

Suivant une tradition fort respectable, nous avons dit que saint Eucher de Lyon avait donné une règle particulière à nos reclus ; malheureusement, il ne nous est rien resté de cette règle. Mes recherches n'ont pas été plus heureuses pour ceux de Paris et des autres villes, où la reclusion déployait ses religieuses et mélancoliques cellules. Seulement, je vous l'ai annoncé, j'ai trouvé quelques pièces du plus haut intérêt par le nom de leurs auteurs, et qui, sans avoir le cachet officiel d'un règlement d'autorité, ne peuvent manquer d'exciter l'attention des esprits sérieux.

La première est une courte pièce de vers d'un grand saint, d'un grand religieux, d'un grand écrivain de l'Eglise d'Orient, saint Théodore le Studite, mort l'an 826.

Le Père Sirmond en a donné en vers iambiques la traduction suivante.

In inclusum.

Inclusus ille est qui, procul ab affectibus,
Toto reclusit in Deum se pectore,
Frœno coercens mentis errores vagos,
Animumque curis erigens cœlestibus,
Precibus inhærens quæ perurunt dæmones,
Et quo retrusæ res patent silentio,
Spe, gaudioque nescius fatiscere,
Labore corpus et fame exercens gravi.
Hymnos, gemente spiritu, jugiter canens;
Hic angeli ritu, ore conspicuo nitens
Diù intuentem corda collustrat face.
Nil unquàm inane suetus ad risum loqui :
Sed quo juvari sentiant se qui audiunt;
Nec sic profusæ dans vela loquentiæ.
Hæc assequi si potis es, in tuto est salus.
Sin, ad gregalem protinus vitam redi
Ubi porrò agones excolas asceticos (1).

En faveur de ceux qui ne pourraient recourir au grec, ou qui ne connaîtraient pas le latin, j'ai essayé la traduction suivante :

---

(1) Sirmond, *Oper. Var.*, t. V, p. 770.

Des terrestres amours oublier la douceur,
Renfermer en Dieu seul le secret de son cœur,
Elever sa pensée au-dessus de la terre,
Aux rêves de l'esprit mettre un frein salutaire,
S'armer de la prière, effroi des noirs démons,
S'entourer du silence aux mystères profonds,
Boire au torrent du vrai l'espérance immortelle;
Par la faim, le travail dompter la chair rebelle,
Etre pur comme l'ange et comme lui pieux,
Chanter en gémissant les cantiques des cieux,
Réjouir le regard qui sonde les pensées;
Et, quand viennent à vous des âmes affaissées,
Sans déployer la voile à mille vains discours,
Offrir à leur détresse un généreux secours.
Telle est du vrai reclus, la loi; peux-tu la suivre?
Elle inscrira ton nom dans l'éternel livre;
Ne le peux-tu? dès-lors, vers tes frères descends,
Chante, médite, prie et combats dans leurs rangs.

On trouve encore dans les œuvres du même saint plusieurs lettres à des reclus et à des recluses. Mais il n'est pas bien démontré que ces reclus ne fussent pas des ermites ordinaires, et ces recluses de simples religieuses, qui vivaient dans un même monastère; je ne les citerai donc point. On peut les voir dans le tome III, page 836.

La seconde pièce est de l'illustre saint Bernard. C'est aussi une très-courte lettre en forme d'exhortation à un reclus, nommé Albert. Le reclus lui demandait de pouvoir se relâcher des jeûnes que lui avait conseillés saint Bernard, et de ne plus avoir à tenir compte des prohibitions que le prudent abbé lui avait imposées, par rapport aux conversations avec les femmes, qui venaient à la fenêtre de la recluserie avec des motifs de piété. Ecoutons le grave solitaire de Clairvaux.

« Frère Bernard de Clairvaux au frère Albert, reclus : combattez le bon combat.

» Vous me priez de me relâcher sur je ne sais quelle règle de jeûne que vous m'aviez demandée à pratiquer dans votre cellule, et de vous permettre au besoin la conversation, que je vous ai interdite, avec les femmes, comme il vous en souvient; deux choses que la nécessité, me dites-vous, vous rendent indispensables. Je n'ai maintenant et je ne prends aucun pouvoir sur vous. Je vous ai donné le conseil et non pas l'ordre de ne manger habituellement qu'une fois le jour, de vous nourrir du travail de vos mains, de repousser entièrement les visites et les entretiens des femmes, et beaucoup d'autres choses qu'il est trop long de rappeler maintenant. Si vous ne croyiez pas avoir une provision de volonté suffisante pour une œuvre qui demande tant de force, vous ne deviez pas commencer ce que vous ne pouviez achever. Je vous ai donné là un sage conseil; ni vous n'êtes tenu de le suivre comme un précepte, ni je ne vous propose d'y changer quoi que ce soit. Adieu (1). »

Cette lettre ou plutôt ce billet est d'un ton sec et tranchant. Il fallait que le bon reclus Albert eût bien fatigué l'abbé de Clairvaux

---

(1) « Frater Bernardus de Clarâ Valle fratri Alberto incluso, bonum certamen certare.

» Petis à me, ut nescio quam jejunii observantiam, quam à me intra tuam cellam requisieras, ac mulierum colloquia quæ et tibi videlicet à me recordaris fuisse prohibita, mea licentia possis omittere : quæ utique propter inopiam, ut scribis, non potes evitare. Ego jam nullam super te usurpo mihi potestatem. Consilium tibi dedi, non præceptum, semper, vel semel in die comedere, feminarum visitationes vel colloquia omnino non admittere; tuarum te opere manuum sustentare, multaque alia quæ longum est modo commemorare. Quod si hujusmodi sumptus nequaquam tibi ad opus tam sumptuosum suppetere cerneres, non deberes incipere quod consummare non posses. Hoc tibi tritum credidi consilium; hoc nec meo cogeris tenere præcepto, nec tamen meo mutabis consilio. Vale. »

pour en recevoir une réponse aussi brève ; mais elle n'en est pas moins sage pour être courte et moins précieuse pour être dure. C'est une de ces perles brutes qu'on trouve au fond des mers.

La troisième pièce se compose des trois lettres de Godefroy de Vendôme à Hervée et à sa femme, Eve, tous deux reclus.

La première, est une pieuse exhortation pleine de foi à continuer leur vie sainte. Les motifs qu'il fait valoir sont généraux : la brièveté de la vie, la récompense future, l'incertitude où l'on est, même dans l'état le plus sublime, de posséder la grâce de Dieu. Voilà ce que l'abbé de Vendôme retrace avec beaucoup d'âme à nos reclus, sans qu'une seule parole y ait trait à la spécialité de leur profession.

La seconde épître est encore adressée au reclus Hervée ; c'est une réponse à une consultation concernant des religieux.

La troisième, est une justification d'Hervée contre les accusations de prosélytisme dont le reclus était l'objet. Elle est intitulée :

» Godefroid, inutile serviteur du monastère de Vendôme à son cher reclus Hervée, heureux d'être enfermé dans des murailles de pierres, pour n'être pas atteint par les cailloux des mauvaises langues.

» Vous nous avez appris, très-cher fils en Jésus-Christ, que l'un de nos frères vous a accusé d'avoir déshonoré notre congrégation par les Bretons que vous avez envoyés pour se faire religieux dans notre monastère. En même temps vous avez cru devoir, nous ne savons pourquoi, taire le nom de votre détracteur. Nous protestons, en toute sincérité, contre les paroles inconsidérées de ce frère infidèle et nous déclarons que, loin d'être déshonorée, notre congrégation n'a qu'à se glorifier de votre sympathie et des sujets que vous nous avez envoyés. Celui qui parle avec tant de méchanceté, non-seulement vous accuse, vous, mais encore plus particulièrement nous calomnie, nous : car vous n'avez violenté, vous, personne, pour les faire entrer en religion chez nous, et nous, nous avons accueilli volontiers ceux que vous avez pu arracher au monde. Si dans cette conduite, qui nous est commune à vous et à nous, il s'est passé quelque chose de répréhensible, c'est plus sur nous que sur vous que cela doit retomber. Portons ensemble et sans ombre de regrets le poids de ces péchés. Puissions-nous, avec la grâce de Dieu, n'en avoir jamais d'autres à nous reprocher! Si nous avons agi l'un et l'autre dans un esprit de charité, vous ne devez nullement vous étonner que cette conduite ait déplu à ceux dont le cœur est plein de malice. Les fils de Babylone ne seront jamais avec les fils de Jérusalem ; que votre religion sache donc qu'aucun Abel ne peut arriver à la patrie, sans être combattu par quelque Caïn. Adieu! Et rappelez souvent à votre mémoire ce que je vous dis là (1). »

La quatrième pièce est une lettre du bienheureux Bernard de Varin, prieur de la chartreuse

---

(1) « Godeffridus Vindocinensis monasterii inutilis servus dilecto suo Herveo incluso, inter parietes lapidum sic includi, ne lapideis detrahentium verbis aliquâ ex parte possit violari.

» Nobis, fili in Christo carissime, significasti, quoniam unus de fratribus nostris dixerit, quod de Britonibus, quos monasterio nostro monachandos misisti, congregationem nostram dedecorasti ; sed nomen fratris ista dicentis quâ nescimus occasione tacuisti. Nos contrà garrulosa verba illius infidelis fratris veraciter protestamur, quòd congregatio nostra per te et per eos quos nobis misisti, non dedecoratur, sed convenienter ornatur. Certè, optime frater, qui adeo nequiter loquitur solummodò te immerito non accusat, sed nos potius criminatur. Nullum enim per violentiam nobis sociasti, quia libenter suscepimus quos mundo auferre potuisti. In quâ nostrâ et tuâ actione, si aliquid de Porte, au reclus Reynald, ami de saint Bernard (1).

L'auteur y recommande la discrétion, comme une vertu essentielle pour avancer et persévérer dans la piété. Cette lettre est divisée en treize paragraphes, qui ont chacun leur titre particulier, savoir : *Du silence,* — *contre l'oisiveté,* — *emploi du profit des travaux,* — *du jeûne,* — *de l'office divin,* — *de la prière,* — *de l'emploi du temps,* — *de la lecture,* — *des contradictions,* — *de la vie et de la vertu,* — *de l'humilité,* — *de la charité,* — *de la confession.* On y trouve les plus sages pratiques de l'ascétisme et de la perfection (2).

Enfin, une instruction du fameux chancelier Gerson, au reclus du Mont-Valérien, nommé

---

aliter actum est, nos quidem amplius et tu minùs peccasti. Hæc autem peccata sic impœnitenti corde simul portemus, ut, Deo donante, nulla alia habeamus. Et si quid tu et nos fecerimus caritate, mirari non debes, si illi displicet, cujus cor plenum est iniquitate. Semper etenim dissentient à filiis Hierusalem filii Babyloniæ. Illud etiam religio tua indubitanter agnoscat, quod nemo Abel justitiam valet obtinere quem Caïn malitia non impugnet. Vale et quæ dicta sunt sæpius ad mentem revoca. »

(1) Voir les *Lettres de saint Bernard,* tome I.
(2) *Histoire hagiologique du diocèse de Belley,* par M. l'abbé Dépéry, tom. II, p. 27. — *Solitude chrétienne,* tom. III. — *Bibliothèque des Pères,* tom. XXIV, pag. 150.

Antoine (1). Il faudrait citer cette lettre tout entière, comme un modèle de prudence et de sage modération. Le ton ferme qui y règne d'un bout à l'autre, ne doit point étonner de la part d'un homme aussi expérimenté que Gerson. Il n'avait point approuvé la vocation du frère Antoine, parce qu'il la regardait comme précipitée et point assez mûrie par la réflexion; mais, le voyant constant et résolu, il le loue de son courage, veut qu'il soit prêt à quitter sa reclusion si l'évêque le lui commande, et en même temps, il lui enseigne les moyens de persévérer. C'est l'objet d'un court traité qu'il intitule : *Règle pour un solitaire reclus*. On pense bien qu'au xv° siècle, et sous la plume de l'illustre chancelier, l'ascétisme revêt des formes moins dures et plus rapprochées de la vie commune, que celles qu'il déploie dans les recluseries de Grimlaïc et de Romuald.

« Gardez l'abstinence avec un si raisonnable tempérament, dit-il au frère Antoine, que jamais votre corps ne soit à charge à votre âme..., et qu'aussi vous ne détruisiez poin,

---

(1) Gers., *Oper.*, edit. Dup., tom. II, pag. 773, et *Solitude chrétienne*, tom. III, pag. 471.

votre corps et ne nuisiez point aux fonctions de l'esprit par un jeûne excessif, qui affaiblisse votre tête et vous cause de mélancoliques humeurs. »

« Quand vos jeûnes au pain et à l'eau nuiront à la liberté des fonctions de l'esprit, à l'instant cessez vos jeûnes ou modérez-les. »

« Mangez de tout ce qu'on vous apporte, pourvu que vous gardiez la règle générale de l'Eglise, et la loi d'une sage tempérance. »

« Travaillez autant que vous pourrez à garder la solitude de l'âme, qui consiste à se tenir dégagé de toutes les inquiétudes temporelles. »

« Gardez-vous bien de jamais engager votre âme en des soins superflus, sous prétexte de penser au salut des autres, parce que cette pensée... vous précipiterait facilement dans l'abîme de l'orgueil et ensuite dans l'apostasie. »

« N'écrivez à personne, ou si vous le faites, que ce soit rarement et à fort peu de gens, et seulement par la nécessité où vous êtes de recevoir quelqu'instruction. »

« Ne vous oubliez pas jusqu'à vouloir prêcher et confesser ; mais, au lieu de parler de votre propre fonds, contentez-vous de faire aux personnes qui vous consultent quelque bonne lecture. Il y a dans cette méthode beaucoup plus de sûreté pour vous. »

« Les livres que vous pourrez leur lire sont en particulier les *Morales* de saint Grégoire, les *Règles* de saint Benoît et de saint Augustin, les *Conférences spirituelles* de Cassien, les *Sermons* de saint Bernard sur les cantiques. »

« Qu'en tout temps les visions extraordinaires, ou de jour, ou de nuit, vous soient suspectes, et attribuez-les ou à la faiblesse de votre tête, ou à vos infidélités, ou à vos péchés. De même en est-il de ces douceurs et sentiments de dévotion tendre, à moins qu'ils ne vous portent à l'humilité et au mépris de vous-même. Soyez exact à n'ouvrir votre porte à personne, mais mettez votre clé en un lieu où on la puisse trouver aisément dans le cas où vous auriez besoin d'être promptement secouru. »

Ce dernier article prouve que le religieux Antoine était sous simple clôture et non pas emmuré. Une foule de reclus étaient dans le même cas.

L'abbé Lebeuf parle d'une brochure qui fut imprimée à Paris en 1580, sous ce titre : *Briève exhortation faite au Mont-Valérien, par René Benoît, curé de Saint-Eustache, pour la consolation, persévérance et confirmation de frère Jehan de Chaillot, reclus, avec une traduction de ce que Gerson a écrit à un semblable reclus de ce nom.* Entre le frère Antoine et Jehan de Chaillot, il y a deux siècles de distance ; entre Gerson et René Benoît, il y a celle d'une personne de bien à un homme de génie.

Je ne doute pas qu'il ne fût possible de trouver un certain nombre de pièces dont on composerait la bibliothèque de la reclusion. Mais le lecteur en connaît assez pour pouvoir apprécier, sous ses diverses phases, le caractère et l'esprit de cette singulière vie. Je ne pousserai donc pas plus loin mes indications. J'ai d'ailleurs borné là mes recherches sur ce point.

Jusqu'ici, je n'ai parlé dans ce chapitre que des recluseries d'hommes, le lecteur n'aura pas manqué de se demander si les femmes, qui possédaient comme les hommes la liberté de se reclure, avaient reçu comme eux des règlements spéciaux.

Il est probable qu'elles adoptèrent d'abord la règle commune, celle de saint Benoît. Jusqu'au XIIe siècle du moins, je n'en trouve aucune qui leur soit particulière. A cette époque, le bienheureux OElred, tour à tour gouverneur du palais de David, roi d'Ecosse, moine de Riéval, dans la province d'York, abbé de Revesay, au comté de Lincoln, et enfin abbé de Riéval, leur donna une règle qu'il adressa à sa sœur (1). On la trouve dans la troisième partie d'Holstenius, sous ce titre : *Regula sive instituta inclusorum, ad sororem.* Elle porta longtemps le nom de Règle de saint Augustin ; on la trouve dans le tome Ier de ses œuvres, édition de Hollande, avec ce titre : *De la vie érémitique, à une sœur.* Une grande partie de cette règle se lit encore dans les méditations quinzième, seizième et dix-septième de saint Anselme.

Dans Holstenius, elle est divisée en soixante-dix-huit chapitres, et précédée d'une courte préface. La sœur à laquelle le bienheureux adresse sa règle était réellement la sienne, comme le disent quelques historiens, et par le sang et par l'affection toute spirituelle qui les unissaient. Malgré ce que nous savons des désordres du temps et de l'étrange naïveté du langage de cette époque, il est difficile, avec nos mœurs actuelles, de concevoir la dignité de

---

(1) Le B. Œlred, né en 1109, mourut en 1166, âgé de 57 ans. On a de lui plusieurs ouvrages ascétiques et historiques. Cellier, tome XXI, page 135. — Godescard, 18 janvier, page 171.

certains détails de cet ouvrage, écrit d'ailleurs avec élégance et avec goût.

Aux chapitres II°, III°, IV°, V°, VII°, XIII°, l'auteur prescrit la reclusion spirituelle et intérieure, comme une conséquence nécessaire de la reclusion extérieure. Il appuie, à plusieurs reprises, sur la discrétion et le silence. Toutefois, comme il était impossible de commander un silence absolu, il se borne à défendre à la recluse, les entretiens inutiles; elle ne parlera aux hommes qu'en cas d'extrême nécessité, et encore le voile sur la tête; elle ne pourra recevoir ni lettre, ni présent; elle se défendra également de ces commérages ridicules, dangereux et beaucoup trop communs dans les asiles mêmes de la perfection. Je ne résiste pas à l'envie de citer à ce sujet un passage tout à fait piquant du bienheureux OElred. Je cite l'original, afin de ne rien ôter de sa grâce à ce petit tableau de maligne naïveté.

« Vix aliquarum hujus temporis inclusarum solam invenies ante cujus fenestram, non anus garrula vel nuggigerula mulier sedeat, quæ eam fabulis occupet, rumoribus aut distractionibus pascat; illius vel illius monachi, vel clerici, vel alterius cujuslibet ordinis viri formam, vultum amoresque describat, illecebrosa quoque interserat, puellarum lasciviam, ignaviam viduarum, quibuslibet libertatem conjugum in viris fallendis explendisque voluptatibus astutiam depingat. Os interea in risus cachinosque dissolvitur et venenum cum suavitate bibitum per viscera membraque diffunditur (1). »

Je ne traduis pas.

Un autre vice, également pernicieux, eut été la cupidité. Les abondantes aumônes, que recevaient les recluses, pouvaient les attacher de nouveau et avec plus de danger encore à ces biens périssables qu'elles avaient quittés. Pour prévenir cet abus, les chapitres V°, VI° et XI°, flétrissent amèrement l'avarice, rappellent tous les anathèmes de l'Evangile contre l'amour insensé des richesses, et ordonnent à la recluse de vivre du travail de ses mains, ou de pourvoir à son existence avant d'entrer en reclusion. Si elle a du superflu dans sa cellule, elle ne fera point l'aumône par elle-même, une tierce personne se chargera de ce

---

(1) *Codex vet. reg.*, pars 3, p. 108.

soin. Il lui sera défendu plus sévèrement encore d'offrir l'hospitalité, près de son enclos.

Cet article s'explique tout naturellement; sous le prétexte de faire le bien, la recluse aurait attiré à sa logette une foule de mendiants vagabonds. Et quels mauvais résultats ne pouvait-on pas attendre d'une charité si mal entendue?

D'après le VIe chapitre, la recluse peut avoir à son service une femme âgée, qui ait elle-même sous ses ordres une jeune fille pour porter l'eau, le bois, et faire cuire les fêves ou autres légumes.

Aux chapitres XVe et XVIe, on marque les heures de l'office canonial.

Au XIXe, on prescrit le jeûne tous les mercredis et vendredis de l'année, et ce dernier jour au pain et à l'eau, sauf le cas de maladie. On règle les repas; on recommande aux jeunes recluses l'abstinence totale du vin; celles qui ne pourront pas faire de si grandes privations, pourraient manger une livre de pain et boire une hémine de vin, soit qu'elles fassent un ou plusieurs repas. Elles mangeront d'un seul plat de légumes ou de farineux; si le soir elles font collation, cette collation se composera d'un peu de lait ou bien de poissons, auxquels on peut ajouter des fruits ou des herbes crues.

Chapitre XX\ e, le vêtement d'hiver sera de peau grossière, le vêtement d'été une tunique; en tout temps, le voile noir.

Chapitre XXIV\ e, on ne doit pas orner sa cellule, quelles que soient la naissance ou la fortune de celles qui l'habitent.

Les autres chapitres sont des conseils qui regardent la chasteté, l'humilité, la charité, l'esprit de recueillement; les derniers renferment des méditations sur la vie de Jésus-Christ et sur les fins de l'homme.

L'auteur ajoute que c'est là une règle donnée à des infirmes, et il laisse à de plus fortes âmes la liberté de mener une vie plus austère. Il termine par ces deux vers ultrà-prosaïques :

Dulcia sunt animæ solatia quæ tibi mando ;
Nam prosunt minime nisi serves hæc operando.

Cette règle porte évidemment le cachet d'une époque de langueur et de décadence dans la recluserie. Celle de Grimlaïc est empreinte de la ferveur primitive. C'est l'esprit de la solitude qui l'inspire, c'est l'ange du désert qui l'a dictée. Celle du bienheureux OElred vient d'une pensée réformatrice. Aussi les tableaux sont-ils plus chargés, les traits plus aigus, les réflexions plus âpres. Et quand tombent de sa bouche des maximes plus larges, elles sont accompagnées de gémissements; on sent à chaque ligne que, si l'auteur fait quelques concessions à la faiblesse de son époque, ses souvenirs le ramènent vers un âge de plus austère vigueur. Cette règle ne brille guère par la méthode. Sous le rapport littéraire pourtant, elle me semble préférable à celle de Grimlaïc.

Fut-elle également pratiquée dans les recluseries de femmes, comme l'autre avait été reçue dans les recluseries d'hommes? Le fait est très-douteux. Je ne vois pas qu'en France l'œuvre du saint Anglais soit souvent citée, dans les auteurs ascétiques. Si je lui ai donné une si grande place dans mon travail, c'est qu'elle est dans son genre l'unique monument destiné spécialement aux femmes recluses.

CHAPITRE VI.

Troisième phase de la reclusion.

(Suite).

Nous avons vu que, sous les deux premières phases, la reclusion avait fait de nombreux prosélytes. Sous la troisième, elle étendit ses conquêtes sur le monde entier. Cette propagation étonnante eut sa cause première dans l'immense déploiement de religieuse vitalité qui fait le fond du moyen-âge; quelques causes subalternes vinrent en aide à cet enthousiasme qu'aujourd'hui nous avons peine à comprendre. Ce furent les nombreuses fondations faites en faveur des religieux de tous genres, et en particulier des reclus, la vénération dont ils jouissaient, les encouragements du clergé qui prêchait énergiquement la pénitence et donnait souvent lui-même l'exemple de ce généreux renoncement, la pompe religieuse dont on entourait leur clôture, les récits pieux ou légendaires qui enflammaient les imaginations, soutenaient les courages et faisaient luire au-dessus de l'âpre cellule une auréole de rémunération immortelle. Avec nos faibles cœurs, avec notre raison disputeuse et vaine, nous ne savons pas comprendre les sublimes folies de la croix : du moins ne nous refuserons-nous pas à les admettre comme des faits, quand, ouvrant les pages de son histoire, la reclusion va nous montrer d'un bout à l'autre du monde catholique des athlètes des deux sexes, se livrant, dans des milliers de cellules solitaires comme en de silencieux tombeaux, à la rude gymnastique du silence, de la pauvreté, de la prière, des veilles et de cette mort quotidienne, dont les plus étonnantes macérations de la Thébaïde n'égalaient pas la muette et spirituelle angoisse.

Au risque de rebuter le lecteur par une sèche litanie de noms et de dates, je vais établir l'universalité de la reclusion. Je ne m'appesantirai que sur quelques reclus plus fameux et sur quelques localités plus importantes, comme celles de Paris et de Lyon. Je ne dirai pas tout ce que j'ai pu découvrir dans mes longues et fastidieuses recherches; mais j'en dois dire assez pour mettre hors de doute le fait que j'énonce.

Une remarque préliminaire suffirait à le constater. C'est que les moines de l'Ordre de Saint-Benoît peuplaient le monde, et que dans toutes ces maisons la règle autorisait la reclusion. Si toutes les logettes des monastères n'étaient pas constamment remplies, une foule de logettes privées, acéphales, épiscopales, étaient habitées par la pénitence. Je pourrais donc supprimer sans autre recherche toutes les recluseries monastiques, mais on ne sera pas fâché de connaître les noms des hommes saints dont l'histoire a conservé le souvenir. Tout en se rappelant qu'un nombre immense a échappé à ses investigations; car il y eut des temps où, comme le dit Mabillon, en parlant du xi° siècle, « il était d'usage que certaines femmes religieuses vinssent se reclure près de nos monastères, afin de mener dans les recluseries une vie bien plus éloignée de la corruption du siècle (1). » On voudra donc se rappeler : 1° que je n'indique ici que les noms historiques de la reclusion ; 2° qu'une recluserie pour l'ordinaire suppose une longue succession de reclus qui l'ont habitée.

Commençons par les pays étrangers.

Italie.

En 755, le pape Etienne II, dans sa quatrième lettre à Pépin, parle des recluses de la ville de Rome, qu'il distingue soigneusement des autres religieuses : Sanctimoniales feminas atque *reclusas* quæ ab infantiâ et pubertatis tempore pro Dei amore sese clausuræ tradiderunt.

A Monte-Corona et dans tous les établissements fondés par saint Romuald, une foule de reclus dont les noms sont conservés dans les *Annales* de l'Ordre et dont le dernier, frère Emilien, habitait encore une reclusion à la fin du siècle passé.

---

(1) *Moris erat tunc temporis ut religiosæ feminæ propè monasteria nostra recluderentur, ut in illo reclusorio vitam à sæculi corruptelis longè remotam ducerent.*

A Vallombreuse, en Toscane, au XIII° siècle, le bienheureux Millory, frère convers, fut le premier reclus de cet Ordre. Il mourut à genoux dans le creux d'une roche, le 26 mars, vers le milieu du XIII° siècle.

A Castro Gorriano, près de Sulmone, sainte Gemme, vierge et recluse, mourut le 13 mars 1429. L'église dans laquelle on l'inhuma quitta le nom de Saint-Jean pour prendre le sien.

A Certaldo, petite ville du diocèse de San-Miniato, en Toscane, naquit de parents nobles, au commencement du XIV° siècle, Julia della Rena. A peine eut-elle connu le monde qu'elle le prit en dégoût. Elle revêtit l'habit de saint Augustin tel que le portaient alors les recluses. Les miracles la rendant célèbre, elle se déroba à l'admiration du peuple et se renferma dans une recluserie de la paroisse de Saint-Michel, où elle ne vivait que des morceaux de pain que partageaient avec elle de petits enfants. Elle y mourut, le 9 janvier 1376, après trente ans de reclusion.

Savoie.

On lit dans l'ouvrage intitulé : *La gloire*

de l'abbaye de la Novalaise : « Le premier bourg, le plus ancien de Chambéry est le *Reclus*, ainsi appelé parce qu'autrefois il y avait près de Ponts une maison de recluses ou de reclus. De quoi font foi les écritures du prieuré de Lémaus, auquel appartenaient les reclus ou recluses. Il y a encore une chapelle sous le vocable de Sainte-Marguerite où il y avait un hôpital, et au haut du *Reclus* le prieuré de Lémaus. »

Helvétie.

Les *Petites chroniques d'Hépidan*, moine de Saint-Gall (1), citent plusieurs faits de reclusion avec les noms des religieux et la date de leur consécration, dans une recluserie attenante au monastère. On y voit, en l'an 946, la mort d'une recluse nommée Rachiltde; en 952, le jour de la Nativité de la sainte Vierge, la reclusion d'une autre nommée Kerhilt; en 961, la reclusion d'une autre nommée Pérethral, en la recluserie dite de Saint-Georges;

---

(1) *Hepidanni, monachi Sancti Galli, Annales breves rerum in Alamannia gestarum. Extant apud scriptores franc.* Duchesne, III, page 471 et suivantes.

en 986 la mort de Pérethral et son remplacement par le reclus Karther, lequel mourut en 1017.

Mais les plus célèbres dévouements de la Suisse en ce genre sont ceux de saint Fintan, de sainte Viborade et de sainte Rachilde. Cette dernière mourut l'an 930, et sa fête est marquée au 23 novembre dans le *Martyrologe romain*.

Viborade ou Guiborat, d'une ancienne famille de Souabe, consacra de bonne heure à Dieu sa virginité. Hitton, son frère, ayant été élevé au sacerdoce, Guiborat se retira chez lui afin d'avoir plus de facilités pour pratiquer la vertu. Et, en effet, s'édifiant l'un l'autre, le frère et la sœur marchaient à l'envi dans les voies de la perfection. Leur dévotion les porta à faire ensemble le voyage de Rome pour y visiter les tombeaux des saints Apôtres, mais au retour Guiborat décida son frère à se faire moine à Saint-Gall. Pour elle, après quelques années passées dans le monde qu'elle édifiait par l'austérité de sa vie, elle vint s'établir d'abord sur une montagne voisine de l'abbaye, puis s'enferma dans une cellule près de l'église de Saint-Magne. Ses miracles et ses prédications rendirent bientôt son nom célèbre. Sainte Rachilde, dont nous venons de parler, atteinte d'une maladie incurable, y vint. Ayant été guérie par les prières de Guiborat, Rachilde embrassa aussi la vie de recluse et s'établit près de sa bienfaitrice. Vendilgarde, petite-fille de Henri, roi de Germanie, vint aussi se fixer près de Guiborat, resta dans les exercices de la contemplation jusqu'à ce qu'elle dut rentrer avec son époux, qu'elle avait cru mort et qui n'était que prisonnier des Hongrois. Ceux-ci ayant fait une nouvelle invasion, Guiborat se refusa à prendre la fuite. Irrités de ne point trouver d'argent chez elle, ils lui déchargèrent sur la tête trois coups de hache dont elle mourut.

Fintan, né en Islande d'une des plus nobles familles de la nation, fut fait prisonnier par les Normands. Après sa délivrance, il rompit avec le monde, vint faire profession dans la célèbre abbaye de Rhénau en Suisse. Sur la fin de ses jours, il obtint la permission de vivre en recluserie. Il y mourut le 25 novembre 878, âgé de soixante-dix-huit ans. Sa vie fut d'abord écrite par Hartman, moine de Saint-Gall. Hépidan en écrivit une seconde cent ans après. Toutes deux ont été publiées par Henschénius et par Mabillon (1).

L'an 884, mourut l'Ecossais saint Eusèbe, qui fut aussi reclus au monastère de Saint-Gall.

Allemagne.

Il faudrait consacrer un volume entier aux reclus de l'Allemagne. Le moine Césaire, qui écrivait au XIIIe siècle, nous raconte la vie de plusieurs dans son ouvrage intitulé : *Illustrium miraculorum et historiarum mirabilium,* lib. XII, *Antuerpia* 1605. Le moine d'Histerback parle de recluseries situées près de Wolmensteyn, près d'Aix-la-Chapelle, de Bonn, de Cologne où se rendit célèbre le fameux reclus Marsile, auparavant évêque de Bamberg, et raconte une foule de légendes plus ou moins curieuses, plus ou moins édifiantes, et plus ou moins authentiques. A Paderborn, un reclus célèbre fut saint Paterne.

A Ratisbonne, mourut l'an 1088, et le 17 janvier, le bienheureux reclus Manchéra (*Muricherodochus*).

---

(1) *Sec. V, Benedict.* Voir au 2 mai, Baillet, Godescard.

A Trèves, l'illustre saint Siméon, l'une des plus grandes gloires de la recluserie ; il fut tour à tour solitaire près du Jourdain, chanoine à Bethléem, moine Sinaïte, député par son monastère en Normandie, religieux dans l'abbaye de Saint-Martin de Trèves. Après avoir accompagné son évêque en Orient, il se fit reclus à une des portes de la ville, et mourut le 1ᵉʳ juin 1035. Benoît IX le canonisa sept ans après. C'est au dire de quelques auteurs, la deuxième canonisation qui ait été célébrée selon les formes actuelles; la première avait eu lieu quarante-sept ans auparavant, pour saint Uldaric ou Ulric.

Dans le même diocèse, la vénérable Mechtilde de Spanheim, louée par sainte Hildegarde, mourut recluse le 26 février 1166.

En Westphalie, mourut l'an 1621 la bienheureuse vierge Azech ; elle est citée dans le Martyrologe de Chatelain au 26 février, et au 30 janvier, par les Bollandistes.

En Bavière, en 1074, la bienheureuse Réchilde, fille noble et distinguée dans le pays, vint prendre le voile au monastère de Hottenvart, sur la rivière de Paar. Elle se fit recluse, et mourut le 22 août 1100. Immédiatement après sa mort, elle fut honorée comme sainte, et de nombreux miracles justifièrent cette confiance pieuse et empressée.

Après avoir passé quelques années au monastère de Wassenburum, la bienheureuse Diémone se fit recluse. Elle était en commerce de lettres avec le bienheureux Herlucque, qui menait à Empfach à peu près le même genre de vie. Elle employait ses moments de loisir à transcrire des livres à l'usage de sa communauté. Au moment de la destruction des monastères, on conservait plus de cinquante volumes écrits de sa main. Elle mourut le 12 mars, au commencement du XII° siècle.

A Mayence, saint Clair, dit de Sélingenstadt, où il se fit religieux, religieux qu'il ne faut pas confondre avec trois autres saints du même nom, saint Clair s'était consacré jeune à la vie monastique. Pour se dérober à l'empressement des peuples, admirateurs de sa science et de sa vertu, il se fit construire en un lieu désert une recluserie où il vécut trente années, donnant l'exemple d'une humilité bien rare. A ceux qui venaient le consulter, il répondait : « Je ne connais que Jésus crucifié, la croix est mon unique science ; il n'appartient pas à un misérable tel que moi de décider de pareilles questions. » Il mourut le 1ᵉʳ février 1043.

Dans son *Histoire de sainte Elisabeth*, M. le comte de Montalembert raconte que le jour où fut canonisée la sainte, en 1235, le duc Conrad envoya du pain, du vin, du poisson, du lait, à beaucoup de couvents, aux ermites et *reclus*.

Au mont Saint-Disibode, le 22 décembre 1130, mourut la bienheureuse Jutta, vierge recluse, sœur de Meynard, comte de Spanheim. Elle forma à la piété sainte Hildegarde, sa parente, qui lui avait été confiée à l'âge de huit ans, et lui donna le saint habit de la religion. Hildegarde succéda à sainte Jutta dans le gouvernement du monastère, pour lequel celle-ci avait dû quitter sa cellule.

Les fameuses communautés de Fulde et de Firne ne manquèrent pas de reclus. Le plus célèbre parmi ceux de Fulde est le bienheureux Agincart ou Anicart, qui mourut le 30 janvier 1043.

Près de Brunsbach vivait, quelque temps avant le moine Césaire, une jeune fille qui, renonçant au monde, au rang que lui promettaient sa fortune et sa beauté, s'était fait bâtir une cellule où elle avait été solennellement enfermée. Sa ferveur dans cette nouvelle vie était surprenante. Jaloux de la gloire qui revenait à Dieu d'une aussi pure et aussi généreuse vertu, le démon l'attaqua de toutes manières. Enfin, il réussit à dégoûter la jeune fille de sa solitude. Bientôt les tentations les plus épouvantables l'envahissent, elle chancelle dans sa foi et n'ose plus compter sur sa persévérance. La prière lui devient insupportable, le cœur lui manque, le corps lui-même s'affaisse sous le poids du chagrin qui la mine. Pendant qu'elle était ainsi dévorée, l'abbé de Brunsbach, de l'ordre de Cîteaux, qui avait reçu la mission de visiter les maisons et les cellules religieuses, vint l'entretenir. La recluse lui révéla la profonde amertume de son âme, en lui disant qu'elle ignorait en vérité pourquoi elle était recluse, et demanda à voir briser le sceau qui la retenait dans son étroite prison. — « Ma fille, vous êtes recluse pour Dieu et pour le royaume du ciel. » Mais la recluse répondit désespérée : « Y a-t-il un ciel, un Dieu seulement? et qui les a vus? » Effrayé d'un pareil blasphème, l'abbé engage la pauvre fille à rester sept jours encore dans sa cellule, sept jours en méditations et en prières, après lesquels il lui promet de revenir ou se réjouir avec elle de son retour à la grâce, ou lui ouvrir les portes de sa recluserie, si elle persiste dans son mauvais projet. Ce fut avec beaucoup de peines qu'il obtint un si court délai. Arrivé au monastère voisin, il fait mettre pour l'infortunée toutes les religieuses en prières. Au bout des sept jours, il descend à la recluserie et trouve la jeune fille tout en larmes ; mais cette fois ses larmes sont douces, la tristesse a fait place à la joie. Elle a vu de ses yeux le ciel ouvert et la multitude des bienheureux récompensés des sacrifices qu'ils se sont imposés sur la terre. Sa cellule lui est devenue chère et désormais elle y veut vivre et mourir.

Flandres, Pays-Bas.

Césaire parle de recluseries près de Namur.

Près de Namur encore, mourut au XVIe siècle un saint reclus, nommé Gérard.

Saint Dragon, natif d'Epinay, en Flandres, à l'âge de vingt ans se dépouilla de tous ses biens, se revêtit d'un cilice et d'un habit grossier, se mit, en qualité de berger, au service d'une dame dans le village de Sibourg, en Hainault, à deux lieues de Valenciennes. Sa vertu ne tarda point d'appeler sur lui l'attention du peuple : Dragon prend la fuite et va visiter les lieux célèbres par la dévotion des fidèles, et la ville de Rome en particulier, où il se rendit jusqu'à neuf fois. De retour à Sibourg, il s'enferma dans une recluserie, près de l'église, où il vécut quarante-cinq ans, ne buvant que de l'eau et ne mangeant que du pain d'orge. Il mourut à quatre-vingt-quatre ans, et le 16 avril 1186.

Au VIIIe siècle, florissait dans le Hainault sainte Heltrude, vierge et recluse sous le règne de Pépin; elle mourut sous Charlemagne, en 790. Elle est honorée à Lessies, le 27 septembre.

A Hug, dans le pays de Liége, en 1228 et le 13 janvier, passa au Seigneur la vénérable Yvette ou Jutte, aussi recluse, âgée de soixante-dix ans. Sa vie a été fort élégamment écrite par un chanoine de l'Ordre des Prémontrés, Hugues de Fareffiensis, son contemporain et peut-être son confident le plus intime. Voici en quels termes il raconte la cérémonie de sa reclusion : « Colombe du Christ, véritable et non-seulement en apparence, elle se fait enfermer dans la caverne de la muraille et se cache dans le trou de la pierre. Au jour de sa reclusion, elle tressaille de bonheur comme au jour de ses noces, tout entière à l'ivresse de son cœur, comme si elle s'élançait dans les airs au devant de Jésus-Christ, son divin époux. Dès cette heure, elle ceint dans toute la joie de son âme ses reins de force, pour courir la voie étroite de la pénitence (1). »

Au XI° siècle, un saint Irlandais de la plus illustre race, nommé Guthagon, de sang royal, passa en France, et vint, avec le bienheureux Gillon qui s'était attaché à lui, au village d'Ostkerk, situé sur le canal de Bruges, et tous deux y vécurent et moururent en reclus. De nombreux miracles s'opérèrent sur la tombe de Guthagon. On fit, en 1059, la translation de ses reliques. Cette cérémonie fut renouvelée

---

(1) Se facit includi columba Christi jam reipsa et non quasi specie tenus fieri incipiens, in foramine petræ et in cavernâ maceriæ. Exultavit siquidem eo die quasi in die desponsationis, quasi in die lætitiæ cordis sui ac si Christo obviam ferretur in aera, cæpitque cum lætitia cordis sui accingere lumbos suos fortitudine ad currendam viam angustam.

en 1444, par le suffragant de Tournay (1).

Au milieu du XIII° siècle, vivait aussi en recluse la bienheureuse Eve qui, de concert avec la bienheureuse Julienne de Cornillon, procura l'établissement de la fête du Saint-Sacrement.

Près de Gand, la recluserie eut sa plus haute réputation dans l'illustre saint Bavon. Converti par un sermon de saint Amand de Maëstricht, il distribua sa fortune aux pauvres et se retira dans le monastère de Saint-Pierre de Gand. Bavon fit de rapides progrès dans la vertu, sa ferveur le porta à se retirer dans le tronc d'un arbre, puis dans une cellule qu'il se construisit, au milieu de la forêt de Malmédun, près Deljoud; là il ne se nourrissait que d'herbes sauvages avec un peu d'eau. Saint Floribert, abbé du monastère de Saint-Pierre, lui permit de vivre en reclus dans une nouvelle cellule, qu'il se construisit près du monastère. Il y passa le reste de sa vie, uniquement occupé des biens invisibles, et mourut le 1ᵉʳ octobre, vers le milieu du VII° siècle.

---

(1) Voir Godescard au 5 juillet.

On voit dans la vie de saint Aibert, que dans le XIIe siècle un religieux du monastère de Crespin avait obtenu la permission de vivre en reclus. Aibert vint prendre les leçons de cet habile maître, se fit religieux et puis reclus à son tour. Ses austérités étaient effrayantes. Il finit par ne plus vivre que d'herbes et de racines qu'il mangeait sans pain. Devenu prêtre, il disait chaque jour deux messes, une pour les vivants et l'autre pour les morts. La défense de dire plus d'une messe par jour, celui de Noël excepté, ne fut portée que dans le XIIIe siècle, par le pape Honorius III. Saint Aibert mourut le 7 avril de l'année 1140.

Je lis aussi, dans l'histoire de la ville de Montpellier, que dans le XIIe siècle, hors la porte de la ville, nommée de Saint-Omer, il y avait une recluserie dite de Saint-Michel.

Enfin, au commencement du XVIIe siècle, la mère Jeanne de Cambry, fondatrice de l'Ordre de la Présentation de la Sainte-Vierge en Flandre, acheva sa vie dans une recluserie près de Tournay. Elle y entra le 25 novembre 1625, et y mourut le 19 juillet 1639, après quatorze ans de clôture. Nous citerons bientôt les cérémonies qui furent faites à sa recluserie.

Angleterre.

On lit dans la vie de saint Guthlac, abbé de Croyland, au VIII° siècle, que sa sœur, sainte Pègue, vivait en recluse à quatre lieues de lui. La cellule de la sainte était au sommet d'un monticule, qui avance dans la plaine marécageuse où existait, dans le siècle dernier, la chapelle du monastère, dite de Sainte-Pèque.

Edilthryda avait été promise en mariage à Ethelbert, roi des Angles de l'Est. Outrée de la mort cruelle de l'époux qui lui était destiné, lequel fut tué par ordre de son père Offa, à son arrivée à la Cour de Mercie, elle résolut d'abandonner le monde et de se consacrer à la vie religieuse. Croyland, qui avait été fondé par un prince de sa famille, fut l'objet de son choix ; les moines construisirent à Edilthryda un appartement attenant à un angle de l'église ; c'est là qu'elle passa le reste de ses jours. Sa cellule servit d'asile à son cousin Witlaf, roi de Mercie, et le déroba pendant quatre mois aux ressentiments de son ennemi vainqueur, Egbert, de Wessex. Edilthryda mourut vers l'an 834.

Saint Simon, général des Carmes et fondateur du Scapulaire, passa vingt ans dans le désert, logé dans le creux d'un gros chêne ; sa nourriture se composait d'herbes, de racines et de fruits sauvages. Il entra en 1218, chez les Carmes, dont il gouverna l'Ordre pendant huit ans. Simon mourut à Bordeaux, le 16 mai 1265, et y fut enterré dans la cathédrale.

Au milieu du XIIe siècle vivait un saint reclus, nommé Goderic, dont la mortification était incroyable. Il prédit à saint Thomas, archevêque de Cantorbéry, son exil, son retour et son martyre. Ce saint religieux, dont les Bollandistes ont écrit la vie au 21 mai, tome XVI, était plutôt un anachorète qu'un reclus, car il ouvrait sa porte aux étrangers qui le visitaient dans sa retraite.

L'histoire des recluseries individuelles, sous la troisième phase, embrassa presque toutes les Eglises de France. Il serait impossible, et du reste trop monotone, de citer toutes les preuves à l'appui. Toutefois, je rappellerai un certain nombre de faits, me réservant de m'étendre plus au long sur les recluseries de Toulouse, de Paris et de Lyon, parce que ce sont les trois villes où la reclusion fut le plus constamment pratiquée, ou du moins plus célébrée par les auteurs.

France.

Nous avons déjà vu saint Aignan, dans le IVe siècle, et saint Léonien dans le Ve, reclus près de Vienne. On peut ajouter saint Theudère. C'est en parlant de ces illustres saints, que Chorier dit : « Ils ne permettent pas à la ville de Vienne d'envier aux autres ceux qu'elles ont produits. »

On vit en outre, dans les siècles postérieurs, une recluserie sur une colline, appelée *Macabrey*. Ce fut près de là que se livra, en 1562, entre les protestants qui occupaient Lyon et les troupes du duc de Nemours, un combat qu'on nomma l'escarmouche de la *reclusière*. L'oratoire de cette recluserie fut démoli, en 1567; l'autel subsista quelque temps après la ruine du sanctuaire.

Plus loin de la ville et du monde, auprès de la terre de Seissuel, se montrait encore une cellule; on la nommait recluserie de Cuez. Dès l'an 1293, on voit des reclus d'Arpot de Cuez, d'Arpot de Saint-Germain; un legs fut fait en 1313, au reclus d'Arpot, nom tiré de la rivière qui coule près de là.

Une autre recluserie s'élevait au-dessus des ruines et des masures du temple de Mars, dans le chemin de Baumur.

Crémieux avait aussi sa recluserie de saint Hippolyte.

Pierre, abbé de Cluny, écrivant à Gélabert, reclus, lui disait : « Vous vous montrez vraiment mort au monde, vous qui de votre vivant êtes entré dans un sépulcre (1). » Au IVe siècle, on admirait dans la ville de Châlon, un saint ermite qui, semblable au phénix, ne vivait que de la rosée du ciel; nous l'avons déjà dit.

Au XIIe siècle, Guy, évêque du Mans, soutenait de ses deniers les recluses, qui habitaient le faubourg de sa ville épiscopale.

Saint Adjuteur, saint Adjutre ou saint Ustre, était fils de Jean, seigneur de Vernon, et de Rosemonde de Blaru; sa pieuse mère se chargea de former son cœur à la vertu. Adjuteur prit d'abord le parti des armes; croisé avec la noblesse française, il passa en Palestine à la tête d'une compagnie de deux cents hommes, et y donna, en plusieurs occasions, de grandes

---

(1) *Tu autem verè te mundo ostendens mortuum ipsum, adhuc vivens intras sepulchrum.* Epist. 26, lib. 1.

preuves de valeur. Pris par les Sarrasins, il aima mieux souffrir toutes sortes de mauvais traitements, que d'apostasier. Lorsqu'il eut recouvré sa liberté, il rentra en France, se fit religieux dans l'abbaye de Tiron, et reclus près de Vernon, sa ville natale. Il mourut le 30 avril 1131, et fut enterré dans son oratoire. Son culte se célébrait dans les diocèses de Rouen, d'Evreux et de Chartres.

Dans le pays Chartrain, une sainte veuve, nommée Relvis vécut en recluse. C'est d'elle que parle Dom Mabillon dans le passage que nous avons cité plus haut.

Dans les Trois-Evêchés, Aloswine fut reclus en 1099, au monastère de Saint-Victor, à Verdun.

Hildeburge illustra Pontoise, capitale du Vexin; cette sainte femme naquit à Gallardon, elle était fille du comte Hervé, et fut mariée au seigneur d'Ivrei, en Beauce. Son époux s'étant fait moine à l'abbaye du Bec, Hildeburge se retira elle-même auprès de l'abbaye de Saint-Martin de Pontoise; bientôt elle se fit construire une cellule où elle s'enferma. Là, elle se livra à la pratique des plus sublimes vertus, et de degré en degré, parvint à une haute sainteté.

Sa vie fit longtemps l'admiration de la contrée. Le Seigneur l'appela à lui, le 3 juin 1115.

Saint Rambert, en Bugey, avait une recluserie. C'est au religieux qui l'habitait, que Bernard de Varin, abbé de Portes, adressa l'instruction en forme de règlement, dont j'ai parlé plus haut. La cellule qu'il habitait, et peut-être les cellules qui s'étaient groupées autour, subsistent encore aujourd'hui; elles sont devenues des habitations particulières. La chapelle a été convertie en cellier; on la reconnaît à la forme des fenêtres qui sont ogivales.

Il est dit dans Castel, que Bernard, surnommé Dieudonné, affecta aux recluses, Ermengarde et Aldiarde, l'église de Saint-Victor au territoire de Marceillon, en Languedoc, avec un champ, un pré et un jardin pour leur entretien (1).

Au XIII° siècle, sous l'archevêque Guillaume II, Besançon comptait deux recluseries : « Ce qui se prouve, dit le P. Chifflet, par le testament d'un chantre de l'église métropolitaine, qui lègue, en 1254, une somme d'argent à trois recluseries, dont deux appartenaient à la ville,

---

(1) Catel, *Mémoire de l'hist. du Languedoc*, liv. 5, pag. 971.

savoir : celle de Rivète et celle de Saint-Etienne. Cette dernière était contiguë à l'église de Saint-Michel, sur la colline de Saint-Etienne; la troisième était peut-être établie à Saint-Leinard, près du faubourg de Rivète (1).

Saint Valerique ou Vaury, ermite, fleurissait dans le VIIe siècle, en Limousin; il est honoré le 10 janvier.

Saint Libert, reclus, célèbre par sa merveilleuse abstinence, mourut à Tours l'an 583. Le Martyrologe en fait mention au 18 janvier.

A Soissons, qui faisait alors partie du royaume de Neustrie, mourut l'an 720, saint Vodoal ou Voël. Il vécut en reclus dans l'avant-cour du monastère des religieuses de Notre-Dame, et fut enterré à Sainte-Croix. On invoque saint Voël contre les incendies. L'une des portes de Soissons a porté son nom plusieurs siècles.

Passons aux trois villes de Toulouse, de Paris, de Lyon. « J'ai vu dans divers actes, dit Catel, qu'à la porte de Saint-Etienne » de Tou-« louse, il y avait une recluse (2) qui s'appelait *Reclusa portæ Sancti Stephani* ; d'autres actes

---

(1) Jacob Chifflet, *Vesoul.*, pars II, pag. 260.
(2) *Mémoire de l'histoire du Languedoc*, liv. 2, page 191.

portent : *Reclusa portæ Narbonensis, Reclusa portæ villæ novæ, Reclusa portæ novæ, Reclusa portæ Nataboris, Reclusa portæ Amaldi Bernardi.* Une autre recluserie était située sur le pont de la Daurade, on l'appelait *Reclusana super pontem novum Garumnæ;* d'autres étaient attachées aux chapelles et aux hôpitaux, les recluseries de Nazareth, celles de Saint-Barthélemy, celles de Saint-Michel en Bari, celles de Sainte-Catherine, celles de l'hôpital de Saint-Aignan, enfin celles de Saint-Cyprien. Il peut se faire que de simples religieuses hospitalières habitassent ces dernières cellules. Mais la recluserie la plus en honneur était celle de Saint-Etienne, à laquelle les habitants léguaient ordinairement quelque chose par testament.

Maintenant aux recluseries lyonnaises. Nous avons déjà dit que saint Eucher, d'après le Mandement de l'archevêque de Thurey, (nous le citerons en son lieu,) avait fait aux reclus de son temps une aumône de trois ânées de seigle et de dix deniers par semaine; cette aumône fut continuée par ses successeurs. Il y a cent dix ans, au moment où écrivait le P. de Colonia, ces reclus n'étaient plus connus que par les anciens titres et par les histoires ecclésiastiques. Or, ces anciens titres font mention de onze recluseries, bâties dans Lyon ou ses faubourgs; même tous nos auteurs reconnaissent, qu'il y en eut bien davantage; cela d'ailleurs résulte des traditions locales et des souvenirs qui se rattachent à certains quartiers de la ville. Ce que nous allons en dire est tiré de Colonia, Ménestrier, Paradin, de l'*Almanach* de 1735; de l'abbé Jacques, dans son *Discours sur l'origine de Lyon*, etc.

Ces recluseries étaient des recluseries d'hommes ou de femmes; nous verrons dans un instant que certaines d'elles furent tour à tour occupées par des hommes et par des femmes. Les recluseries d'hommes sont :

1° Saint-Eucher, *extra muros*, située près de Fourvières. Cette recluserie est indiquée dans un manuscrit de la bibliothèque. Je n'ai rien trouvé dans nos auteurs à son sujet.

2° Saint-Clair, dont l'oratoire a fait place à la chapelle bâtie au-dessus de l'ancien boulevard; la recluserie a donné son nom à ce quartier de la ville et a toujours dépendu de Saint-Pierre. Elle était très-fréquentée autrefois, surtout le jour de saint Clair, qui était invoqué pour la vue et les maux d'yeux. C'était un des quatre prieurés dépendant de l'abbaye de Saint-Pierre. Aussi l'abbesse nommait-elle le reclus elle-même; elle était chargée de pourvoir à sa subsistance, et lorsqu'il devenait vieux, de lui procurer un novice, qui vivait auprès de lui et devait lui succéder. Le troisième jour des Rogations, l'église de Saint-Jean et son chapitre allaient faire sa station à l'oratoire du reclus de Saint-Clair.

3° Saint-Sébastien, en haut de la colline de ce nom; la chapelle de cette recluserie dépendit d'abord de l'abbaye d'Ainay : trois religieux y allaient chaque année faire l'office du martyr; depuis l'an 1669 elle fut réunie à la communauté des religieuses de Sainte-Elisabeth, appelées Colinettes.

4° Saint-Côme dans la rue qui porte encore ce nom. La chapelle était devenue un prieuré à la nomination de l'abbesse de Saint-Pierre.

5° Saint-Marcel, dans la rue de ce nom.

6° Saint-Eloi. Cette recluserie était sur la place de la Douane.

7° Saint-Alban, appartenant à la paroisse de Sainte-Croix, était située sur la route, près le palais de Roanne; son oratoire devint la chapelle des clercs du palais et plus tard un rendez-vous pour la congrégation des filles pieuses.

8° Saint-Barthélemy, située sur la colline et dans la rue qui porte ce nom. Le chapitre de Saint-Paul y allait processionnellement, le jour du patron. La chapelle de cette recluserie servit de lieu de réunion pour la congrégation des Lucquois, et dans la suite pour les conférences ecclésiastiques.

9° Saint-Irénée, sur la montagne des Martyrs. On voit encore aujourd'hui communiquant avec la crypte souterraine une recluserie parfaitement conservée. Là, a vécu neuf ans Mlle Marguerite la Barge, dans les rigueurs d'une austère pénitence. Cette sainte fille avait une tendre dévotion pour nos martyrs, elle voulut vivre près de leurs ossements, afin d'être toujours excitée à la vertu par le souvenir de leur héroïque confession et d'avoir près d'eux une place dans la gloire. Elle mourut le 30 décembre 1692. Son corps « fut enterré dans ce saint lieu à cause de la vie pénitente qu'elle y a menée, » dit l'épitaphe gravée sur sa tombe.

10° Saint-Hilaire.

11° Saint-Vincent, au lieu où fut construite plus tard l'église paroissiale de ce nom, aujourd'hui paroisse de Saint-Louis (1).

12° Saint Martin de la Chana ou Notre-Dame de la Saônerie, à la place de l'ancienne douane ; on l'a démolie pour y construire le port Dauphin ; elle relevait de Saint-Paul.

13° Saint Martin, sur le chemin de Saint-Genis.

14° Saint Epipode (2) était l'une des plus célèbres. Cette recluserie fut élevée sur la chapelle dédiée au saint martyr Epipode, qui, selon une tradition fort respectable, s'était réfugié en ce lieu, chez une dame vertueuse, pour échapper aux recherches des persécuteurs. Dans le commencement du xv° siècle, le chapitre primatial y faisait sa procession, et par une délibération du 16 avril 1411, que j'ai lue dans les actes capitulaires, il fut permis aux membres du chapitre qui n'avaient pas assisté au chœur à matines, de se rendre ce jour-là à la procession pour contribuer par leur présence à la *décoration* de la cérémonie. On voit

---

(1) Cette église a repris son nom depuis quelques années.

(2) Ou Epipoy. Voltaire, trompé par la terminaison du mot Epipode, a pris ridiculement le martyr lyonnais pour une sainte femme.

aussi par un acte capitulaire du 13 avril 1447, que la veille de saint Epipode, l'église du collége se rendait processionnellement à la chapelle du reclus. Le jour de la fête du patron, l'église de Saint-Paul allait chanter tierce, la grand'messe et sexte à l'oratoire du reclus. A la messe, le reclus, ou à son défaut le sacristain, devait offrir au céroféraire un cierge d'un quarteron pesant; *unius quarteronis,* dit le rituel de Saint-Paul, dont nous parlerons tout à l'heure.

Il paraît que cette recluserie fut quelque temps occupée par une femme; car un vieux parchemin de l'abbaye de Bénissons-Dieu parle en termes exprès de la donation d'une vigne faite à la recluse de Saint-Epipode, moyennant une redevance annuelle de six deniers à payer par l'Eglise de Lyon à la Bénissons-Dieu (près de Roanne en Forez). L'édifice actuel est composé de deux pièces, l'une fort ancienne et qui paraît avoir été la cellule du reclus; sa façade, percée par un portail élégant, arqué en ogive, révèle le ciseau du xive siècle; un petit campanile le surmonte encore. L'autre pièce est un corps de bâtiment, assez grand, qui servait de chapelle. Il est devenu la boutique d'un forgeron, et la logette du reclus un magasin de planches (1). Les recluseries de femmes sont :

1° Sainte-Madeleine, à la montée du Gourguillon et sur l'emplacement occupé, avant la Révolution, par les religieuses du Verbe incarné.

2° Sainte-Marguerite, sur la paroisse de Saint-Paul, à côté de la chapelle de Saint-Barthélemy. Elle fut incorporée à une église acquise par les dames Ursulines.

3° La recluserie de *Thunès;* on ignore son nom primitif, celui-là lui venait du local occupé par la chapelle; local qui servit plus tard d'emplacement aux Carmes-Déchaussés, pour y construire leur église. Le roi saint Louis, qui mourut devant Tunis, aussi appelé Thunès, était le grand protecteur des Carmes. Ne serait-ce pas de ce souvenir que vient ce nom?

4° Sainte-Hélène, citée par Du Cange au mot *Incluseria,* était sur le territoire et dans le voisinage de l'église d'Ainay. Cette recluserie fit partie de l'emplacement acquis par les dames de la Visitation, et sa chapelle fut dédiée à saint François de Sales, qui y mourut.

---

(1) Tout a disparu aujourd'hui.

Au XI° siècle, deux recluses habitaient là, chacune dans sa cellule. Severt raconte à leur sujet un trait qui mérite d'être rappelé, sinon comme document historique, au moins comme tableau de genre; c'est le pendant de celui que traçait le bienheureux OElred. « Il y avait là deux recluses fort âgées, dit-il, dont la piété égalait la douceur; elles vivaient dans la plus parfaite harmonie; Anselme, pendant son exil, se plaisait à les visiter et à leur donner, pour les encourager, de salutaires avis; mais, après son départ, une secrète jalousie dont la cause n'est pas connue, venant à éclater entre elles, rompit tout à coup cette longue harmonie. On ne peut se figurer jusqu'à quel point ces saintes filles oublièrent la dignité de leur état, et les devoirs de la charité. La fureur armant leurs langues, elles ne se lassaient pas de s'injurier; le jour, la nuit elle-même, se passaient à échanger d'amères invectives. Toutefois leurs consciences n'étaient pas tranquilles; celle qui avait excité le débat éprouvait les plus violents remords. Tout à coup Anselme lui apparaît, non plus avec cet air doux et serein, qui lui était si naturel, mais le front sévèrement ridé et l'œil en feu. Il lui reproche le scandale de leur conduite, et les menace des châtiments de Dieu. Il n'en fallut pas davantage pour arrêter les deux contendantes. Le repentir fit couler leurs larmes, et la paix rentra dans leurs cellules avec le souvenir du bienheureux (1). »

De toutes ces recluseries, que reste-il ? nous l'avons dit. De cette sève héroïque de foi dépensée dans notre ville, que reste-t-il aujourd'hui ? pas même un souvenir, à moins qu'on ne porte ses regards sur l'ermitage du Mont-Cindre, dernier débris de la vie anachorétique dans nos contrées (2).

L'amour de la localité ne nous empêchera pas de remarquer que dans cette longue suite de reclus lyonnais, il n'y en a pas un seul dont le nom soit venu à la postérité ; je me trompe ; nous connaissons, grâce à la pierre sépulcrale qui recouvre sa cendre, celui de Marguerite la Barge dont je viens de parler : son nom ! et c'est tout.

Si maintenant, après avoir parcouru les différentes cellules du royaume, vous rentrez

---

(1) *Chronol. arch. Lug.*, parag. 9, page 227.
(2) Il n'y plus au Mont-Cindre qu'une chapelle, et un gardien qui vient, les dimanches et jours de fête, faire l'office de chantre à l'église de Saint-Cyr.

dans ce Paris, en tout temps et toujours si vif, si animé, si retentissant, vous porterez d'abord vos regards sur une antique maison demi-gothique, demi-romane, dite de la Tour-Roland. A l'angle de la façade, on remarque encore un gros Bréviaire à riches enluminures, garanti de la pluie par un petit auvent et des voleurs, par un grillage, qui permet toutefois de le feuilleter. A côté de ce Bréviaire est une étroite lucarne en ogive, fermée de deux barreaux de fer en croix, donnant sur la place. C'est la seule ouverture qui laisse arriver un peu d'air et de jour à une petite cellule sans porte, pratiquée au rez-de-chaussée dans l'épaisseur du mur de la vieille maison, et pleine d'une paix d'autant plus profonde, d'un silence d'autant plus morne, qu'une place publique la plus populeuse et la plus bruyante de Paris fourmille et glapit à l'entour. Cette cellule était célèbre dans Paris, depuis près de trois siècles que madame Rolande de la Tour-Roland, en deuil de son père, mort à la croisade, l'avait fait creuser dans la muraille de sa propre maison, pour s'y renfermer à jamais, ne gardant de son palais que ce logis dont la porte était fermée et la lucarne ouverte en hiver comme en été, et donnant tout le reste aux pauvres et à Dieu.

Mais ce n'était pas la seule recluserie connue dans Paris, il y avait encore un bon nombre de ces cellules à prier Dieu et à faire pénitence, et elles étaient presque toutes occupées. Outre la logette de la Grève, vous trouvez une cellule à Montfaucon, une autre au charnier des Innocents, une autre au logis Clichon, d'autres encore, je crois, à divers endroits; car à défaut de monuments on en retrouve la trace dans la Tradition. Les auteurs qui ont écrit sur la ville de Paris ont recueilli plus ou moins soigneusement les souvenirs. L'abbé Lebeuf est le plus détaillé (1). Nous avons également parcouru Dubreul et Saint-Victor, et de nos recherches il résulte qu'au XIII° siècle et en 1240, Paris comptait quatre recluses; car dans un testament daté de cette même année, un bourgeois lègue aux quatre recluses vingt sous, *quatuor inclusis XX soldi.*

L'abbé Lebeuf fait assez comprendre que, dans les XIV° et XV° siècle, presque toutes les

---

(1) *Histoire de la ville et de tout le diocèse.* Lebeuf, Paris, 1754. — *Antiquité de Paris,* par Dubreul. — J.-B. de Saint-Victor, *Tableau historique et pittoresque de Paris.*

églises de Paris possédaient non loin d'elles une recluserie. Telles étaient :

1° L'église de Saint-Médard ; un Nécrologe de l'abbaye de Sainte-Geneviève, écrit sous le règne de Charles VI, marque au 1ᵉʳ mars l'anniversaire d'Hermensande, recluse à Saint-Médard (1).

2° L'église de Saint-Séverin ; le Nécrologe de l'abbaye de Saint-Victor, composé sous le règne de Charles V, rapporte au 11 avril *l'obit* de dame Fleurie avec cette qualité : *Floriæ reclusæ de Sancto Severino* (2).

3° En 1473, une femme, appelée Philippine ou Agnès de Rochier, était recluse près de l'église de Sainte-Opportune ; elle entra en reclusion à l'âge de dix-huit ans et n'en sortit qu'à quatre-vingt-douze ans, après avoir rendu son âme, devant l'autel du Seigneur (3).

4° Une des cellules les plus fameuses était celle des Saints-Innocents ; c'est là que vécurent plusieurs recluses. De ce nombre était Alix la Bourgotte.

---

(1) L'abbé Lebeuf, t. II, p. 412.
(2) *Idem*, p. 76.
(3) *Idem*, t. I, p. 68.

Alix, disent Dubreul et ses copistes, avait d'abord été religieuse de Sainte-Catherine; elle se mit en reclusion l'an 1420, et y mourut le 29 juin 1466.

Louis XI lui fit élever un mausolée en bronze; la statue de la sainte fille était couchée sur un marbre noir, que soutenaient quatre lions. On y lisait l'inscription suivante :

> En ce lieu gist sœur Aliz la Bourgotte
> A son vivant recluse très-dévote
> Rendue à Dieu femme de bonne vie.
> En cet hôtel voulut être asservie
> Où a vécu humblement longtemps
> Et demeuré bien quarante-six ans,
> En servant Dieu, augmentée en renom.
> Le roi Louys onzième de nom,
> Considérant sa très-grande perfection,
> A fait lever ici sa sépulture.
> Elle trespassa céans en son séjour
> Le dimanche vingt-neuvième jour
> Au mois de juin mil quatre cent soixante-dix.
> Le doux Jésus la mette au paradis!
>   Amen.

Après Alix la Bourgotte, Jeanne la Vodrière vint vivre et mourir au même lieu. Nous avons vu plus haut qu'une femme noble et abominable, René de Vandômois, y fut enfermée, en 1485, par ordre du Parlement.

On connaît encore une autre recluse des Innocents, postérieure à celle-ci, Jeanne Painsercelle. L'official de Paris avait ordonné, en 1496, aux marguilliers de lui bâtir une logette; sur leur refus, il lança contre eux une sentence d'excommunication ; cette sentence ne fut levée que lorsqu'ils eurent obéi.

5° Il paraît aussi qu'une chapelle, nommée par le peuple la *Jussienne*, et dans les actes authentiques du XV° siècle, la chapelle de l'*Egyptienne*, existait sur la paroisse de Saint-Eustache. Elle avait servi de lieu de clôture à une femme du diocèse de Blois; cette femme aurait d'abord pratiqué le métier d'égyptienne ou de bohémienne, et aurait fait pénitence comme sainte Marie d'Egypte, qu'on lui avait donnée pour patronne. La vie de cette sainte femme décorait le vitrail de l'église de Saint-Eustache. C'est là évidemment que Victor Hugo a pris la première idée de sa recluse, Paquette la Chantefleurie, dont il fait si gratuitement et si mensongèrement un monstre.

En 1547, l'évêque de Mégare fit la bénédiction d'une place, près de Saint-Paul, pour l'agrandissement de cette église; là était ce qu'on appelait la Grange de Saint-Eloi. C'est apparemment le lieu où se dressait, du temps de Charles V, la cellule d'une recluse, nommée Marguerite. Ce prince, pour lui former sa retraite, fit prendre un coin du jardin de la grange de Saint-Eloi; les religieux du prieuré s'en plaignirent, parce que c'était leur propriété; mais le roi les apaisa, en leur disant qu'après la mort de cette recluse, il n'y en aurait pas d'autres à sa place. Au sujet de quoi il leur fit expédier des lettres de Paris, le 14 juin 1370.

6° L'église de Sainte-Geneviève eut ses recluseries, car on lit : « Sur la montagne de Sainte-Geneviève une espèce de Job du moyen-âge chanta pendant trente ans les sept psaumes de la pénitence, sur un fumier, au fond d'une citerne recommençant quand il avait fini, psalmodiant plus haut la nuit : *Magnâ voce per umbras*; et aujourd'hui l'antiquaire croit entendre sa voix en entrant dans la rue du Puits qui parle. »

Même quand l'oiseau marche, on sent qu'il a des ailes.

Et lors même qu'il ne croit être qu'historien, Victor Hugo est encore poète.

7° L'église de Saint-Méry ne fut pas au-dessous des autres, elle eut aussi ses recluseries.

8° La plus ancienne de toutes celles qui sont connues pourrait bien être la recluserie de Saint-Victor. Une nommée Basilla y vivait, apparemment dans le XI° siècle.

9° Nous avons vu, sur les tablettes de cire qui contiennent les dépenses du roi Philippe-le-Bel pendant la fin du dernier mois de 1308, un passage ainsi conçu : *Maria reclusa castri novi de Leancourt sex decem francos* (1).

10° On distinguait sur le mont Valérien la maison des ermites d'avec les cellules des reclus. Dubreul, l'abbé Lebeuf estiment qu'on n'a rien de certain sur ces ermites et reclus avant le XI° siècle, époque à laquelle vivait cet Antoine, auquel Gerson adressa sa lettre en 1040. Quelques-uns prétendent qu'il n'était pas le seul reclus établi sur la montagne. Les guerres du règne de Charles VII et de Louis VI détruisirent probablement ces ermitages.

Au milieu du XV° siècle, on y voyait une célèbre recluse, nommée Guillemette de Faussard. Elle était née sur la paroisse de Saint-Sauveur;

---

(1) *Catalogue des manuscrits* par Sénebier.

elle se fit recluse en 1566, donnant à la chapelle qu'elle éleva sur ce mont le titre de sa paroisse. Dubreul dit de cette pieuse fille, « lorsqu'on bâtit cette chapelle, toutes les nuits, après sa prière, elle allait prendre de l'eau au pied de la montagne et l'apportait à l'endroit où l'on travaillait, de façon à ce que les maçons en eussent suffisamment pour leur journée. » Elle s'abstenait de toute viande, n'usait souvent que de pain et d'eau, rarement d'œufs et de poissons, se contentant presque de la sainte communion, pour vivre. Après avoir passé cinq années de la sorte, elle mourut en 1501, macérée de jeûnes, de veilles et de travaux. Dans son Martyrologe universel, l'abbé Châtelain place sa mort, au 26 décembre, et la qualifie de *Vénérable*.

Jean de Houssai naquit à Chaillot. Il remplaça Guillemette de Faussard. Sa nourriture ordinaire était du pain bis, auquel il ajoutait quelques racines, rarement des œufs ou du poisson, et encore plus rarement de la viande. L'eau était son unique boisson. Il ne consentit à prendre un peu de vin, que quelques jours avant sa mort. Son occupation presqu'habituelle, était la prière ; à peine lui dérobait-il les instants que la charité lui faisait donner aux personnes qui le venaient voir, avec la permission de l'évêque de Paris ou du pénitencier. Pour se mieux préparer à la mort, il couchait dans une bière, revêtu de son cilice et de sa robe blanche; c'est ainsi qu'il vécut pendant quarante-six ans. Henri III et Henri IV l'honorèrent de leur visite. Quand, dans sa *Henriade*, Voltaire a conduit le Béarnais au vieil ermite de Jersey, il s'est trompé; c'est au reclus du Mont-Valérien qu'il fallait dire. Jean de Houssai mourut accablé d'austérités à l'âge de soixante-dix ans, en l'année 1609 et le 2 août, jour auquel l'abbé Châtelain l'a mis dans son Martyrologe sous le nom de : *Venerabilis Joannes de Husseto*. Il fut enterré auprès de sœur Guillemette avec une grande pompe. Plusieurs grands seigneurs et un nombreux clergé assistèrent à ses funérailles. Les habitants de Surène et des villages voisins avaient recours à lui, dans les calamités publiques; ils avouaient avoir ressenti plus d'une fois les bons effets de sa prière.

En 1574 et le 12 octobre on trouve la réclusion au Mont-Valérien de Thomas Guygadon, né à Morlaix, en Bretagne; en 1580, de Jéhan de Chaillot; en 1638 et le 15 septembre, décès de frère Jean le Comte, après quarante ans de reclusion; il ne mangeait qu'au coucher du soleil. En 1639 et le 5 septembre, mourut Pierre de Bourbon, natif de Blois, dans la cellule occupée par Jean de Houssai; il est placé dans le Martyrologe de Châtelain avec le titre de *Vénérable*. Après l'année 1610 et avant 1622, on trouve, au Mont-Valérien, un reclus natif de Paris, nommé Séraphin de La Noue; en 1664, il y avait encore un reclus nommé Nicolas de la Boissière. Ce fut sous le nom de l'un de ces trois premiers reclus qu'un homme de ces temps composa un opuscule de 14 pages d'impression in-8°, intitulé : *les Visions et Songes de l'ermite du Mont-Valérien*. Les ermites qui ont remplacé les reclus ont fait publier leur règle avec une petite préface sur leur état ancien et nouveau, et le portrait de Jean de Houssai.

On voit par là que le Mont-Valérien n'eut pas de cellules constamment murées : l'instruction de Gerson au frère Antoine, nous montre la sienne simplement close; le reclus, on lui donnait ce nom, en conservait lui-même la clef.

11° Dans une nouvelle publiée par M. Ernest

Fouinet, nouvelle dont le caractère dominant est l'exagération comme dans Victor Hugo, je trouve l'histoire d'une noble recluse de Saint-Jean-en-Grève, nommée Jehanne de Basseville. Son mari, s'étant révolté contre Charles VI, fut condamné à mort par contumace. Dans sa douleur, Jeanne entra en reclusion, et y resta dix ans. La logette qu'elle occupa avait un jour ouvert sur la partie de l'église la plus triste et la plus douloureuse, celle où les condamnés à la peine capitale venaient dire leur dernière prière et recevoir, avant l'exécution de leur sentence, la dernière absolution du prêtre. Un jour, elle vit entrer et elle en vit sortir le sire de Basseville, que l'on conduisait à l'échafaud. Qu'on juge de l'horreur de sa position, de ses cris, de son désespoir. Une heure après l'horrible scène, le sire de Basseville, grâcié par le roi, courait avec sa fille, Alice, vers la logette, à Saint-Jean-en-Grève..... Hélas! Jeanne venait d'y mourir de douleur. Mais sa prière avait inspiré la clémence au ciel, et le ciel la miséricorde au roi.

CHAPITRE VII.

Cérémonies, ressources de la reclusion et vénération pour les reclus.

C'était un jour solennel et qui ne se revêtait jamais des couleurs lugubres, que prête à la profession religieuse une philosophie ridiculement compatissante. Le soleil ne se levait, ce jour-là, ni plus brillant ni plus noir ; il y avait moins de larmes dans le sacrifice de la reclusion, que dans bon nombre de mariages. Au reste, les deux tiers de la société entraient alors en communauté et faisaient partie de la vie monastique. Quoi donc de si révoltant dans l'acte de la reclusion ? La règle de Grimlaïc fixe tous les détails de la cérémonie. Ecoutez :

« Le religieux, étant à la chapelle, en présence

de l'évêque et du clergé, promettra à haute voix la stabilité, la conversion de ses mœurs, devant Dieu et les saints; après cet engagement solennel, il ira se prosterner aux pieds de l'évêque et de tous les frères qui assisteront à la cérémonie, les conjurant avec larmes de prier pour lui. Alors tous les religieux se mettront en prière et y resteront tout le temps que demandera leur dévotion; puis, au moment où devra se faire l'entrée dans la cellule, moment fixé par l'évêque ou par l'abbé, on sonnera toutes les cloches, afin que ceux qui les entendront se mettent à prier pour le nouveau reclus. Si ce dernier possède encore quelques biens, il en fera, avant de se reclure, la donation aux pauvres ou bien au monastère dont il sort; il aura les vêtements qu'il doit conserver dans sa vie nouvelle; et une fois introduit dans sa recluserie, l'évêque y apposera, ou y fera apposer son sceau; après cela, le reclus n'a plus de commerce à avoir qu'avec le ciel, la terre n'existe plus pour lui. »

Je trouve aussi l'ensemble de cette cérémonie, telle qu'elle se pratiquait à Lyon, dans un vieux rituel de l'église de Saint-Paul, dont M. Coste et le libraire Suifet possèdent chacun un exemplaire. Il est intitulé : *Extrait d'un livre, en lettres gothiques, lequel est attaché au reuestoir, ou sacristie, de l'église collégiale de Saint-Paul, copié en 1807, in-4°* (1). Dans la deuxième partie, au folio 64, on trouve un paragraphe qui commence par ces mots : *De inclusis SS^um Bartholomæi et Epipodii et quomodo reddi debent et poni in suis incluseriis.*

« Toutes les fois, y est-il dit, qu'il s'agira de reclure un pénitent, on choisira le dimanche, et la cérémonie se fera dans l'ordre qui suit : Le reclus devra être arrivé dans le chœur au commencement de l'aspersion; à la droite, au-dessous du chamarier, vêtu de sa tunique, de son manteau et de son capuchon, et accompagné d'un autre frère qui devra être reclus près de lui. Pendant l'eau bénite, il se tiendra debout; à la fin de l'aspersion, lorsque la procession rentre au chœur, le reclus la suivra jusqu'à l'entrée du sanctuaire; de là, le second

---

(1) Ce rituel est divisé en deux parties; la première partie est divisée elle-même en deux sections, l'une pour les dimanches et fêtes de Notre Seigneur, l'autre pour les fêtes des saints. La seconde est un coutumier de l'église avec ce titre : *Statuta et consuetudines que observantur in ecclesia sancti Pauli, Lugduni.* Ce rituel devrait être acheté par l'église paroissiale de Saint-Paul. — Ce vœu est réalisé.

maître de chœur le conduira au pied du maître-autel, et le reclus y demeurera agenouillé sur le marche-pied. Son compagnon se tiendra au côté gauche de l'autel jusqu'à la fin de l'oraison *Exaudi*, après quoi l'officiant, le diacre, le céroféraire étant allés quitter leurs ornements dans la salle du chapitre, le sous-diacre restant seul..... Deux prêtres entonnent les litanies, et après l'invocation de la sainte Vierge, toute la procession part à la suite de la croix portée par le sous-diacre, et va à la recluserie. Le reclus et son compagnon marchent à la suite de la procession; alors on sonne la cloche avec le carillon des fêtes, et cela aux frais du reclus; arrivé à la recluserie, et la litanie achevée, le célébrant fera par lui-même ou par le ministère d'un autre l'allocution spirituelle, il rappellera brièvement au reclus l'exemple du bienheureux Eucher et les règlements qui doivent fixer les exercices de sa vie nouvelle; alors on enfermera le reclus dans la cellule, et la procession reviendra en silence à l'église où l'on chantera tierce et le reste de l'office. »

On remarquera le silence, commandé par la règle, au retour de l'imposante cérémonie. Le peuple se retirait, replié sur lui-même, et méditait sur ce grand exemple de renoncement.

Hélyot cite une cérémonie de reclusion d'autant plus intéressante qu'elle touche presque à nos temps; la Mère Jeanne de Cambry, fondatrice de l'Ordre de la Présentation de la Sainte-Vierge, en Flandre, acheva sa vie dans une recluserie, placée en l'un des faubourgs de Lille; c'était l'évêque de Tournay qui l'y avait autorisée, elle entra dans sa logette le 25 novembre 1625. Vêtue d'une robe de laine grise et accompagnée de deux religieuses qui portaient sur leurs bras, l'une un manteau bleu, l'autre un voile noir et un scapulaire violet où se voyait l'image de la sainte Vierge, tenant l'enfant Jésus entre ses mains; la Mère de Cambry se rendit à l'église de Saint-André, l'évêque de Tournay l'attendait à la porte; en arrivant, elle se prosterna aux pieds du prélat; celui-ci lui donna sa bénédiction et la conduisit jusqu'au grand-autel. Là, il bénit le manteau, le voile, le scapulaire, et en revêtit la noble recluse, à laquelle il imposa le nom de Sœur Jeanne de la Présentation; elle fit entre ses mains le vœu de clôture perpétuelle, après quoi l'évêque adressa un discours au peuple à la louange de la nouvelle recluse, qui fut ensuite menée processionnellement jusqu'à sa recluserie ; le clergé chantait le *Veni sponsa Christi*, etc., l'évêque la consacra derechef à Dieu, bénit sa cellule, et l'y enferma dans une perpétuelle clôture. Elle y mourut le 13 juillet 1639, après quatorze ans de reclusion.

Un mot des ressources de la recluserie. Il suffit au lecteur de ramener sa pensée sur les faits que nous avons cités, pour comprendre à quelle source le reclus puisait les aliments de sa vie matérielle.

Les recluseries monastiques étaient à la charge de la maison dont elles relevaient. Aussi voyons-nous, dans Césaire et dans toutes les légendes de la reclusion, qu'un frère était chargé de porter chaque jour au reclus la nourriture, dont il faisait usage selon la règle. Quelquefois, on lui portait une portion toute apprêtée, il devait préparer l'autre de ses mains.

En entrant dans les recluseries paroissiales ou privées, les reclus pouvaient, avec le consentement de l'évêque, se réserver pour leur entretien, une partie suffisante de leur fortune. Je crois même avoir lu dans un auteur, que certain évêque ou concile, établit que nul ne serait reclus sans avoir auparavant justifié d'un fonds de terre ou d'un revenu suffisant pour sa nourriture; mais en général, les reclus trouvaient leurs plus grandes ressources dans la foi des fidèles, et la pieuse vénération dont ils étaient entourés. Les aumônes abondaient, car dans ces temps de religion vive, chacun sentait le besoin d'appeler sur soi les regards de Dieu, et, pour y réussir, quoi de plus efficace que la prière d'un reclus? On lui demandait donc cette prière, et en échange on lui offrait des dons. Telle fut la générosité des fidèles, que la règle de Grimlaïc et celle du bienheureux Œlred donnent toutes les deux de sévères conseils contre l'avarice.

Venaient les donations; les recluseries étaient souvent, comme il arriva pour tant d'oratoires et de monastères, fondées par la munificence et la générosité des princes, des évêques, des seigneurs; ainsi, nous voyons Charles V créer la recluserie de Béate Marguerite, près de l'église de Saint-Paul, à Paris; à Lyon, saint Eucher; à Agde, Bernard Dieudonné, fondèrent avec des redevances perpétuelles leurs recluseries. Généralement, les fondateurs ne se contentaient pas de fournir aux frais de la construction, ils attachaient encore une rente à l'entretien de la recluserie, et cette rente survivait de longs siècles avec elle.

C'est ici le lieu de citer le mandement de l'archevêque Guillaume de Thurey.

« Scauoir faisons que ayant entendu la pleinte des reclus de sainct Barthélemy, apôtre, de sainct Sébastien, sainct Irégny, sainct Epipode et sainct Marcel, martyrs, de sainct Martin et de sainct Hilaire, confesseurs, et de saincte Marie-Magdeleine, saincte Marguerite et saincte Hélène, lesquels seruent à Dieu es lieux susdicts, icelle pleinte contenant que combien qu'ils eussent accoutumé de toute ancienneté, et mesmement depuis le temps que le glorieux sainct Euchère présidait en cette nostre Eglise, d'auoir et perceuoir tous les ans, en tiltre d'ausmone, trente asnées de seigle, sus nostre grenette de Lyon, lesquelles leur estoyent payées, à la feste sainct Martin d'hiuer, assauoir; à chacun d'iceux toutes les sepmaines dix deniers, monnoye courant audict sceau; et fussent en possession et saisine pacifique, depuis le temps susdict, de ce droit de perceuoir, leuer et auoir par eux ou par autres, iceluy bled et argent : toutefois, ayant nostre prédécesseur Raymond, de bonne mémoire, archevêque de Lyon, esté mal informé, et à la suggestion d'aucuns n'ayant Dieu deuant les yeux, auroit inhibé et défendu que les dicts bled et argent ne fussent payéz à iceux reclus, empeschant iceux en la perception de cette aumosne, au grand préiudice, au grand dommage des pauures reclus, lesquels auant qu'ils eussent eu le moyen de faire entendre leurs droits et affaire à nostre dict prédécesseur, il passa de ce monde à l'autre. A ceste cause nous auroyent iceux reclus très-humblement supplié, de leur pouruoir sur ce remède opportun, prenant pitié et miseiricorde d'eux. Parquoy est-il, que nous deuhement et suffisamment informez de la façon de faire de tous les temps passés, et comme sainct Euchère du temps qu'il présidoit en nostre église (comme dict est), ordonna saintement et salutairement être payé aux reclus susdicts ceste aumosne, selon la déclaration cy devant dicte : et comme depuis le temps d'iceluy sainct Euchère, jusques à l'inhibition faite par nostre prédécesseur susdict, cette aumosne avoit tousiours été réalement payée par autres archevesques nos prédécesseurs; ne voulons (comme aussi ne deuons) frauder iceux reclus de leurs aumosnes, mais désirant les maintenir en leur pie possession; mesmement n'ayant iceux d'ailleurs pas de quoy ils puissent viure, et ayant entendu, qu'ils sont bien fondez et religieusement en leurs recluseries, sur la dicte aumosne, d'ailleurs qu'ils sont députés pour faire prières incessamment à Dieu pour les archevesques et pour leur Estat, pour la saincte Eglise, pour la cité et pour tous peuples nos suiets, comme ils font sans cesse : et que leurs prières et deuots suffrages profitent grandement à la charge et régime des asmes lequel nous est commis (combien qu'en soyons indignes) pour le deuoir et office de pasteur, et ont profité à nos prédécescesseurs et encores espérons que seront profitables à nos successeurs, à l'advenir. Pour oster tout empeschement qui pourroit une autre fois estre mis en avant sur la solution de ceste aumosne, et à ce que iceux reclus ne soyent contraints d'estre vagabonds à la poursuite de leur aumosne et que leurs oraisons et prières tant nécessaires ne cessent en façon que ce soit, nous déclarons par la teneur des présentes, que nous et nos successeurs archevesques de Lyon, sommes tenuz, tous les ans, de payer aux dicts reclus susdits, trente asnées de seigle, sur la dite nostre grenette et dix deniers chacune sepmaine sur le sceau de nostre cour de Lyon à vn chacun d'iceux reclus, par et au nom d'aumosne perpétuellement et à tousiours..... en témoignage de ce que dessus, nous auons apposé nostre sceau aux présentes. »

Nous avons vu encore l'église primatiale de Saint-Jean donner une vigne à la recluse de Saint-Epipode.

Les testaments apportaient encore d'abondantes ressources à la recluserie. On rencontre dans les archives de presque toutes les églises des legs faits aux reclus par des mourants; ainsi Guillaume de la Palud, donne par testament à la recluse de Saint-Barthélemy vingt sous, pour élever une petite construction; ainsi en 1374, Bérald de Lagneu, seigneur d'Izeron, *donat cui libet incluso et inclusæ civitatis et suburbiis Lugduni...*

Je trouve dans les actes capitulaires de l'église métropolitaine plusieurs legs faits aux reclus par les chanoines.

Nous avons dit la pension que le roi Philippe-le-Bel faisait à Marie de Liancourt. On appliquait encore aux reclus une partie des amendes légales : ainsi l'abbé Lebeuf cite sous la rubrique 1231, une amende qui devait être payée aux quatre reclus établis alors à Paris. Tant que dura la vivacité de la foi, ces religieux vécurent, sans jamais souffrir, sur le fonds de la charité publique; il y eut pourtant des circonstances où il leur fut nécessaire de faire appel à la justice des évêques, comme on le voit par le Mandement, que nous venons de citer, de Guillaume de Thurey, et aussi à la générosité des fidèles qui allait s'allanguissant.

Ce n'est pas que la vénération des peuples ait jamais manqué aux reclus; les romanciers qui ont écrit sur ce sujet ne parviendront jamais à le faire croire. Voici le tableau que trace l'un d'eux : « La piété, peu raisonneuse et peu subtile de ce temps-là, ne voyait pas tant de facettes à un acte de religion, elle prenait la chose en bloc et honorait, vénérait, sanctifiait même au besoin le sacrifice, mais n'en analysait pas les souffrances et s'en apitoyait médiocrement. Elle apportait de temps en temps quelque pitance au misérable pénitent, regardait par le trou s'il vivait encore, ignorait son nom, savait à peine depuis combien d'années il avait commencé à mourir; et à l'étranger qui les questionnait sur le squelette vivant qui pourrissait dans cette cave, les voisins répondaient simplement, si c'était un homme : « C'est le « reclus ; » si c'était une femme : « C'est la re« cluse. »

Mais qu'il y a loin de la réalité qu'établissent les faits à ce tableau de pure imagination. Avant tout, il est une pensée qui fera comprendre quel degré de vénération inspirait la vie des reclus, sous la triple phase, que nous avons esquissée ; cette pensée la voici : la reclusion était essentiellement une œuvre de religion, elle était le dernier anneau de cette grande chaîne de vertus et de sacrifices que prolongeaient les religieux dans le cloître et les chrétiens renoncés dans le monde. Or, les siècles de la recluserie sont précisément ceux où l'héroïsme de la foi recevait seul les hommages des grands, du clergé et de la foule. Pour quiconque a la moindre idée du moyen-âge, cette réflexion est d'une évidence palpable ; aussi voyez les faits. Tantôt c'est un pontife, tantôt un roi de France, tantôt quelque haut baron, le plus souvent quelque monastère fameux qui fait construire la recluserie. Le moment d'emmurer ou de clore à perpétuité le pénitent est-il arrivé, c'est une fête pour le monastère ou l'église auxquels il appartient ; la foule s'y presse, le clergé y accourt, l'évêque en personne, ou du moins son représentant, doit présider la cérémonie ; le sceau épiscopal est apposé à la reclusion. A l'instant même ces religieux deviennent vénérables et sacrés ; aussi bien les églises les dotent, les particuliers leur lèguent des aumônes en mourant, la piété des fidèles les nourrit, la dévotion entretient sous le porche du reclusoire une lampe, au pied de quelque statue, comme dans un sanctuaire, plusieurs veulent être enterrés tout près.

De toutes parts on accourt les visiter, les uns viennent réclamer leurs conseils, pour la direction de leurs consciences ; ceux qui sont prêtres voient arriver à leur oratoire une foule d'âmes en peine, qui leur demandent le pardon de leurs fautes et l'allégement de leurs maux. Tous ces héros de la pénitence bénissent ; les uns par l'onction de la prière, les autres par l'autorité du sacerdoce. De grands hommes leur adressent des lettres, comme Godefroy de Vendôme et Gerson ; de grands saints comme Anselme, de grands rois comme Henri IV, cherchent auprès d'un reclus des avis et des exemples. Constantin se recommandait, lui et ses fils, par lettres de sa main, à saint Antoine; il envoyait avant de commencer la guerre prier les ermites de bénir ses armes et de les rendre victorieuses. On va jusqu'à leur demander des miracles parce qu'ils sont regardés comme les amis du ciel; on attribue à leur prière la cessation ou l'éloignement des fléaux; ils sont placés à l'entrée des villes, comme des sentinelles de protection et comme des paratonnerres. Des historiens sacrés recueillent leurs paroles et les souvenirs de leur vie; ils meurent, les évêques accourent, lavent leur corps, convoquent le clergé et procèdent à leur sépulture. Le ciel leur présente des couronnes et l'Eglise a des places à leur offrir sur ses autels.

On ne peut douter que la canonisation et la béatification des plus célèbres reclus n'aient propagé leur genre de vie, et entretenu la vénération que leur avait justement voué le peuple chrétien. Le père Théophile Renaud a donné tout un catalogue des saints reclus canonisés; il en compte vingt-huit, vingt et un reclus et sept recluses. On pourrait ajouter à ce nombre beaucoup d'autres reclus que l'Eglise a placés sur ses autels; mais je m'abstiens d'une nomenclature qui pourrait être fastidieuse. Je dois dire toutefois que si la grande multitude de ces âmes héroïques n'a pas laissé de traces sur la terre, leurs noms inconnus ici-bas brilleront du plus vif éclat dans le ciel.

Toute institution humaine a son terme, les recluseries eurent le leur; mais, chose remarquable, une vie qui tenait du prodige, une vie où, à la mort la plus absolue des sens se joignait l'isolement le plus complet de l'esprit et du cœur, une vie, ou plutôt, à parler humainement, une mort comme celle-là, comment a-t-elle pu subsister si longtemps? Depuis saint Antoine, se faisant reclure en 285, jusqu'à Madame de Cambry, en 1639, et elle ne fut pas la dernière recluse, s'écoulèrent plus de treize cents ans! Qui donc a pu soutenir aussi longtemps une institution que tout repoussait, excepté la foi?

Les mœurs publiques, il est vrai, favorisaient assez généralement les reclus; mais les mœurs publiques avaient leurs racines dans la religion. Au moyen-âge, la foi s'infiltrait partout, elle était la sève qui se répandait dans tous les rameaux du grand arbre chrétien. Aussi, comme au xi° et xii° siècle, la société était fort dissolue, les reclus furent alors extrêmement en honneur; mais à mesure que la foi perdait de son énergie et de sa simplicité, la reclusion perdait de sa popularité; elle se maintint plus longtemps là où la liberté de penser fut plus tardivement introduite. Les Eglises d'Orient ne nous offrent plus de reclus après le grand schisme, du moins je n'en ai pas rencontré d'exemple dans les auteurs que j'ai parcourus. En Occident, l'Allemagne garda jusqu'au xve siècle les habitudes de la reclusion; en France elles se maintinrent plus longtemps encore. Nous voyons à Paris des reclus jusque vers la fin du xviie siècle, témoin Séraphin de La Noue qui mourut en 1664.

A Lyon, les actes capitulaires nous montrent encore des reclus plus rapprochés de nous. La tombe de mademoiselle de la Berge nous apprend que cette sainte fille est morte, le 30 décembre 1692.

Une remarque importante doit être faite ici : quels que soient les règlements qui aient été donnés à la reclusion, les modifications qu'elle ait subies avec le temps, aucune loi de l'Eglise, cependant, n'a établi ce genre de vie, aucun saint connu ne l'a institué. On sait les premiers reclus, mais ce sont des exemples isolés, on chercherait inutilement les noms des fondateurs, saint Romuald excepté (1). De même on a vu plusieurs institutions supprimées par des conciles ou des décrets pontificaux : les Templiers, par un concile de Vienne ; les Humiliés en 1571, par le pape saint Pie V; les Jésuites, en 1762, par le pape Clément XIV, plusieurs ont été réunis à d'autres congrégations et s'y sont éteintes en les accroissant de leur nombre ; il n'en fut pas ainsi de la recluserie, elle tomba d'elle-même, lentement et par degrés insensibles, non sous les coups d'une main étrangère, mais faute de pénitents qui voulussent désormais embrasser ce genre de vie. Elle tomba par suite de l'esprit du siècle qui tendait à la sécularisation, elle tomba devant la multitude des communautés établies à diverses époques, et qui toutes réclamaient l'appui de la charité publique; elle tomba enfin par le fait même de sa nature, elle avait fait son temps. Toutes les institutions se succèdent dans l'Eglise et s'y remplacent tour

---

(1) La tradition, qui attribue à saint Eucher celles de Lyon, n'est pas suffisamment établie pour constituer un fait historique.

à tour ; la sève chrétienne suffit à tout, chaque branche de l'arbre qu'elle nourrit porte son fruit dans son temps, et ce fruit doux et savoureux est en rapport avec les besoins de l'époque. Ainsi, les ermites, les reclus, les ordres savants comme celui de Saint-Benoît, populaires comme celui de Saint-François, de la haute société comme celui des Jésuites, arrivent semant des merveilles sous leurs pas : il est probable qu'ils seront remplacés à leur tour.

La plupart des cellules de reclus ne subsistent plus, les oratoires qui joignaient ces cellules ont succombé ou bien ont été convertis en chapelles publiques, en rendez-vous de congrégations paroissiales; ceci importe peu. Ceux qui aimeraient à recueillir cependant ces menus détails en ce qui concerne notre ville, les trouveront dans le précis de l'*Almanach de Lyon*, 1765; je remarque seulement que la recluserie de Saint-Eloi fut évidemment désertée la première des trois qui existaient sur la paroisse de Saint-Paul, car dans le vieux rituel de cette église, je ne vois point d'office particulier pour le saint, ni son nom indiqué dans le chapitre qui concerne la cérémonie de la reclusion. Celle de Saint-Epipode existe encore avec sa chapelle et son campanile (1), celle de saint Irénée est entière comme nous l'avons dit. Je n'ai pas trouvé d'autres restes des dix-huit recluseries lyonnaises; ce doit être en souvenir de ces vieux reclus que la paroisse de Saint-Paul avait encore son ermite dans le XVIIe siècle. Je trouve aux actes capitulaires plusieurs règlements par rapport à l'honoraire de l'ermite de Saint-Paul, à certaines processions de la métropole.

(1) Elle est maintenant détruite, nous l'avons indiqué.

CHAPITRE VIII.

Nouvelle ou légende.

La recluserie devint une source féconde de poésie, l'imagination aima à parer de ses couleurs les plus attrayantes une vie aussi étrange. Epris de ces grands renoncements, nous avons voulu nous-même les mettre en relief et les dramatiser dans la légende suivante, qui, nous le croyons, rend dans sa vérité la vie de la reclusion, elle sera la seule que nous citerons.

LES TROIS RECLUS.

PROLOGUE.

Un soir de mai de l'année mil huit cent trente-sept, nous visitions, mon ami Péricaud et moi, la ville de Crémieu, et conduits par un aimable vieillard chez qui nous avions reçu la plus touchante et la plus honorable hospitalité, nous parcourions les rues petites, étroites et basses du vieux *Stremiacum*. Nous nous promenâmes ensuite à travers la cité moderne, et bientôt nous gravissions le mont Saint-Hyppolite dont les sommets sont recouverts par des ruines monastiques et féodales. Nous fîmes halte à mi-coteau sur la plate-forme du rocher, tout au pied d'une tour qui s'élance de ce lieu comme un phare arboré sur un écueil. De là, plongeant notre regard sur la vallée, nous embrassâmes le curieux point de vue qui se dessinait devant nous. Quelque resserré qu'en soit l'horizon, pour l'ami des vieux souvenirs, il est plein d'émotions et de contrastes.

En face, à la même élévation que le rocher qui nous servait de Belvédère, les ruines pittoresques du féodal manoir des seigneurs de la Tour-du-Pin et les débris croulants du rempart, dont les murs çà et là brisés, entr'ouverts par le passage des routes, interrompus, ou démolis par la main du cultivateur enlacent la ville neuve et ce qui reste de l'ancienne, grimpant légèrement le long de Saint-Laurent; à nos pieds, entre ces deux collines, Crémieu dont les constructions offrent à l'œil un singulier mélange, où se montrent à chaque porte de maison l'arc ogival et le fronton roman, et dont les habitations semblent se précipiter sans ordre dans la vallée; au bout de l'horizon le Pilat; à droite, la vue plonge et suit, à travers de frais ombrages, le Rhône qui descend et se perd au lointain, dans les montagnes du Lyonnais.

Pendant que nous embrassions avec intérêt tous les détails de ce point de vue, le vieillard était à nos côtés nous expliquant chaque chose. Sa mémoire pure et nette ne vacilla pas un instant sur les dates des ruines, qui se déployaient autour de nous; il redisait avec simplicité l'origine de *Stremiacum*, le concile où figurèrent Bernard de Vienne et Agobard de Lyon, la généalogie des la Tour-du-Pin, le vieux château Delphinal, les luttes de sa ville natale et des Lapoype, des Saint-Julien, des Dizimieux contre les protestants du XVIe siècle et contre Lesdiguières, les fondations religieuses, et jusqu'à cette halle au grand arc ogival, l'une des plus belles de toute la contrée. Mais il avait laissé, comme dernière fleur de ce bouquet de souvenirs, un petit oratoire, celui qui porte le nom de Notre-Dame du Reclus.

En longeant dans notre promenade le sentier qui serpente au pied des remparts, au nord de Crémieu, nous avions aperçu le rond-point d'une chapelle gothique, admiré les arceaux et les ferrures des fenêtres, joli travail qui rappelle les délicatesses du ciseau des folliassiens, au XV° siècle. L'affectation avec laquelle le vieillard nous avait fait étudier chaque menu détail de cette œuvre, mille petites questions par lesquelles il avait cherché à pressentir nos idées sur la primitive destination de ce modeste édifice qu'entourait un petit jardin, le silence qu'il gardait lui-même à tous nos aveux d'ignorance, à toutes nos demandes d'éclaircissements nous firent aisément comprendre qu'il se rattachait au mystérieux oratoire quelque précieux ressouvenir. Tout en cheminant, le vieillard avait tiré de sa poche un rouleau de papier soigneusement enveloppé de parchemin, et à mesure qu'il nous expliquait le panorama offert à notre vue, il déroulait son manuscrit, de date quelque peu ancienne.

En même temps, la cloche de l'horloge vint

à sonner cinq heures. « Nous avons encore beaucoup à visiter, dit alors le vieillard; mais avant de nous éloigner de Notre-Dame du Reclus, il faut bien que je vous raconte son histoire. Asseyons-nous, car elle est longue; peut-être ne vous paraîtra-t-elle pas dénuée de tout intérêt : la voici telle que je l'ai traduite d'un vieux manuscrit latin, trouvé dans des papiers provenant de l'abbaye de Saint-Chef. Aux siècles de ferveur, ajouta-t-il, il y avait parmi les fidèles un zèle ardent pour la perfection des vertus évangéliques. Ce zèle a poussé des âmes généreuses à embrasser divers genres de vie plus ou moins austères, à la tête desquels il faut placer la reclusion volontaire.

« Or, il y avait à *Stremiacum*, là même à l'endroit où vous apercevez ce toit délabré, ces croisillons nervés avec tant de goût, ce jardin fleuri et ce puits recouvert, il y avait au XI° siècle, une recluserie dont j'ignore l'origine précise, mais qui se rattachait, à n'en pas douter, au monastère bénédictin dont les ruines, que nous visiterons bientôt, pendent là haut derrière vous, noires et immobiles, sur vos têtes. La recluserie était alors dans un lieu solitaire, parce que la ville tout entière peuplait la colline de Saint-Laurent. Sans doute que, depuis la fondation du monastère, au huitième siècle, il en descendit plus d'un frère qui suivit dans la logette la règle des reclus. Toutefois, un long temps s'était écoulé sans que la recluserie eût été occupée. L'usage même de la reclusion, si fort en honneur dans le monde entier, à Lyon et à Vienne en particulier, semblait s'être perdue sans retour à *Stremiacum*, lorsque s'y fit l'emmurement du grand religieux dont j'ai à vous raconter l'histoire. »

Le vieillard avait dit ces mots de lui-même, alors il prit en main sa 'raduction et nous lut ce qui suit :

I.

« Ulric était né près de Caen, en Basse-Normandie, vers la fin du onzième siècle, et, si j'ai bien su lire les caractères maculés du vieux manuscrit, vers l'an 1079. Alegonde, sa mère, pleurait encore le trépas de Robert, son époux, tombé sous le glaive dans un combat singulier.

Guy que devait couronner bientôt la double tiare pontificale, une foule de peuple se pressait sur les chemins où défilait le pieux cortége et, malgré les chants des choristes, les conversations ne tarissaient pas dans les groupes. — « Quel est ce frère ? — Je ne sais « pas. — C'est le frère Théobald. — Et qu'est « le frère Théobald ? — Le saint du couvent. « — D'où est-il ? — On n'en sait rien. — Les « religieux eux-mêmes l'ignorent. — Si j'étais « son supérieur, je saurais bien vite cela, moi. « — Comment le sauriez-vous ? il a fait le « vœu de garder son secret. — Un vœu. — « Oh ! c'est bien différent. — Quel air pieux et « résigné ? — Peut-on avoir l'air si joyeux « quand on va se faire murer ? dit une jeune « fille. — Il priera pour nous, dit une vieille « femme, et pour nos petits enfants, » répondit une mère, qui tenait sur ses bras deux jumeaux de six mois. »

« Enfin, après une heure de marche et de circulation autour de la ville et des remparts, on arrive à la porte de l'oratoire, la foule se cramponne aux fenêtres, aux murs des maisons voisines, les Juifs eux-mêmes montent sur les toits de leur petite rue, ou regardent par les fentes du portail qui les clot du côté de la recluserie. Les cloches se taisent : la portion laïque du cortége occupe les passages qui joignent l'oratoire, les moines se forment en cercle en face de la porte d'entrée, Guy se place au milieu d'eux, et devant lui s'agenouille Théobald. Alors, Guy lui adresse les questions suivantes qu'il lit dans le rituel bénédictin : »

« — Qui êtes-vous?

« — Théobald, profès en l'ordre de Mon-
« seigneur saint Benoît, en la maison de mon-
« sieur saint Hyppolite.

« — Que demandez-vous?

« — A être enclus dans cette cellule par
« votre main.

« — Avez-vous mûrement réfléchi au parti
« que vous prenez?

« — Il y a dix ans que j'en ai fait le vœu.

« — Avez-vous subi les épreuves qu'exigent
« les saints canons?

« — J'ai passé sept ans et demi dans le
« monastère, et deux ans dans la cellule isolée.

« — Savez-vous bien qu'une fois reclus vous
« ne sortirez de là qu'à la mort?

« — Je le sais.

« — Vous êtes donc résolu à entrer aujour-

« d'hui, à vivre et à mourir dans cette cellule?

« — J'y suis résolu.

« — *Deo gratias!* » répondent le chœur des moines et les voix tonnantes des jeunes gens. »

« Le clerc ferma le rituel, et l'archevêque adressa à Théobald de graves et austères paroles. Il lui dit la grandeur de Dieu, les horreurs de l'enfer, la beauté du ciel et la brièveté de la vie. Il lui dit les exemples d'Antoine, de Thaïs, de Nilammon, d'Hospitius, et du bienheureux saint Chef. Il lui dit que la solitude a ses charmes pour qui sait l'habiter avec amour, que, s'il est pénible d'y vivre, il sera doux d'y mourir. Les anges viendront escorter sa funèbre couche et recueillir son âme pour la porter au sein du Très-Haut : puis il recommande à ses prières l'Eglise de Vienne, la cité de *Stremiacum* et le couvent de Saint-Hyppolite. »

« Après ces mots il le bénit, éteint son cierge et l'introduit par la main dans la cellule où il y avait une table, une chaise, une croix de bois, un manuscrit contenant la règle des solitaires de Grimlaïc, un pain de deux livres, quelques grappes confites et une cruche d'eau. Théobald baise le pavé de la cellule, la croix de bois et l'anneau de Guy qui le relève, le conduit dans l'oratoire et dans le petit jardin, le ramène à la cellule, le bénit de nouveau et l'embrasse en signe d'adieu. »

« Alors, d'une voix forte et sonore, et tourné vers la foule, Théobald entonne le psaume *Lætatus sum;* deux religieux armés de truelles élèvent aussitôt le mur d'éternelle séparation. Au moment où il va disparaître derrière le ciment grossier, Théobald, empruntant les mots du Psalmiste, chânte : « J'ai choisi d'être caché dans la maison du Seigneur! » Sa voix affaiblie, pleine de douces larmes, résonne encore par derrière la muraille qui le dérobe à tous les regards. Alors l'archevêque appose sur la clôture le sceau de l'Eglise de Vienne et celui du monastère, puis la procession regagne en silence les hauteurs de Saint-Hyppolite et la foule se disperse, épanchant en de vives conversations les émotions de la sainte et austère cérémonie. »

« C'en est fait, Théobald a commencé sa vie nouvelle. Oh! que cette cellule va bien à son cœur! Là du moins il habitera seul avec ses regrets, il expiera dans ses longues veilles les desordres de cette jeunesse dont le souvenir n'est point encore effacé de sa mémoire. Là, Dieu seul étant le témoin des rudes macérations que lui impose la règle, il pourra sans ostentation réduire en servitude cette chair turbulente et ces sens parfois séditieux. L'étude lui offrira des ressources contre l'ennui. Le matin, au lever du soleil, il célébrera le divin Sacrifice. Sept fois le jour, il chantera les hymnes saintes. Il fera de la prière son loisir le plus doux, sa mort sera pure comme le soir d'une belle journée, et le ciel deviendra sa magnifique récompense! Oh! si là du moins il pouvait revoir son cher Ulric. — Il n'ose pas même songer au nom d'Isaure!.. »

« Telles étaient les pensées qui occupaient frère Théobald au moment où il allait pour la première fois prendre son repos sur l'âpre couche de la reclusion. La grâce ne faillit point à son espérance, ni son propre courage à ses serments. Théobald, déjà si parfait dans le cloître, devint un saint dans la recluserie. »

« De célestes visions réjouissaient l'âme du pauvre reclus. Un jour, dans l'extase de sa prière il vit monter au ciel trois globes lumineux. Le premier de ces globes était blanc comme l'albâtre, un beau lys le couronnait au sommet. Le second qui montait à quelque distance du premier était ardent comme la flamme et une croix d'azur le couronnait au sommet. Le troisième rasait encore la terre, il était rose et recouvert d'un crêpe léger : Théobald ne comprit point ce que signifiaient ces trois globes. »

« Plus d'une fois Théobald fut visité par les esprits qui entourent le trône de Dieu. Tantôt il se faisait dans la cellule comme un doux murmure de voix surhumaines, tantôt elle se remplissait d'une odeur plus suave que celle des parfums, tantôt elle était illuminée de clartés éblouissantes. Un jour de Vendredi saint, un ange lui lava le front avec une éponge teinte d'un sang vermeil; dès lors le passé dont l'amertume empoisonnait son cœur n'offrit plus à sa pensée que de douces images. Un jour de Notre-Dame, un séraphin lui toucha les lèvres avec un charbon ardent et sa parole, déjà si puissante, devint comme un fer qui embrasait les cœurs de l'amour du divin Maître. »

« On venait à lui des contrées voisines pour le consulter à sa fenêtre, pour recevoir de bons avis et quelquefois aussi de miraculeuses faveurs. On dit que d'une parole il guérit plusieurs malades et convertit des pécheurs jusqu'alors endurcis. Les mères lui apportaient leurs nouveau-nés à bénir, les époux lui conduisaient leur nouvelle épousée, les vieillards venaient apprendre de lui à mourir. En retour, quoique le monastère pourvût, selon la règle, à ses besoins, aux bons jours, les habitants de *Stremiacum* ne manquaient jamais de mettre de côté la part du reclus ; elle lui était apportée par les petits enfants. Cette vie de mortification, de prière, de saintes œuvres durait depuis près de vingt ans, lorsqu'au milieu d'une nuit d'orage arriva soudain à la fenêtre de la recluserie un visiteur inattendu. »

III.

« Une heure après minuit venait de sonner à l'horloge de Saint-Hyppolite, un orage affreux s'était brusquement déclaré, des torrents de pluie inondaient la terre, la foudre grondait avec un horrible fracas, et l'éclair qui sillonnait les nues illuminait seul, de ses pâles clartés, les ténèbres de la nuit. Théobald se lève de sa dure couche et va prier pour les voyageurs : car le reclus ne vit pas pour lui seul, son cœur est demeuré sensible aux peines d'autrui. Prenant donc les vêtements sacrés, il hâte l'heure du sacrifice et monte à l'autel du Dieu, prêtre et victime. »

« Or, pendant qu'il offre l'hostie sainte, attiré par la lueur de la lampe qui brille à travers le vitrail de l'oratoire, un voyageur vient s'abriter sous le toit du reclusoir. Quelle n'est pas sa surprise, quand, jetant par la fenestrelle un coup d'œil sur l'intérieur de la chapelle, l'étranger aperçoit un vénérable vieillard, seul, incliné sur l'autel et tenant entre ses mains la blanche hostie, prêt à prononcer les paroles qui changent au corps d'un Dieu ce pain grossier et vil. N'osant en croire à ses yeux, il se figure poursuivre un séduisant mirage; mais tout à coup il entend, il distingue une voix grave, affectueuse, solennelle, qui dit : *Pater noster, qui es in cœlis.* »

« Oh! c'était quelque chose de bien imposant que ce contraste. Au dehors, une nuit sombre, des tonnerres éclatants, un orage affreux; et là, dans cette cellule, que battent les coups de la tempête, une clarté mystérieuse, une paix infinie, une touchante voix de prêtre, invoquant Celui dont le nom est à la fois terrible et doux ! »

« Jamais émotion plus vive n'avait remué le cœur de l'étranger. Il tombe à genoux sur le gradin extérieur de la cellule et continue à dévorer de ses avides regards cet étrange spectacle. Théobald termine le sacrifice, quitte les vêtements sacrés, recouvre son front chauve de la noire cuculle et se prosterne sur le pavé de l'oratoire, la tête tournée vers l'autel. Le voyageur n'osait pas souffler dans la crainte d'interrompre l'oraison du solitaire. Elle dura longtemps. Impatient de voir de plus près cette imposante figure et de converser avec cet homme extraordinaire, il frappe doucement à la fenêtre, et l'appelle; le vieillard soulève la tête et, apercevant un homme, il arrive à lui en bénissant Dieu. « Mon fils, » dit-il à l'inconnu, qui par un mouvement instinctif et presque machinal, répond : « Grâces à Dieu ! » et le colloque suivant s'engage entre eux. Le reclus parla le premier :

« — C'est sans doute l'orage qui vous a conduit ici, à cette heure, mon fils ? »

« — Oui, bon ermite, répond le voyageur. »

« — Je ne suis pas ermite, mon fils, je suis reclus; mais vous êtes brisé de la route, vos vêtements sont mouillés, vous avez froid. »

« — J'ai pu me dérober à l'orage, mon père, et je suis trop heureux qu'il m'ait fourni l'occasion de voir ce que mes yeux ont vu. »

« — Je puis, à cause de la circonstance, vous offrir un peu d'eau, quelques raisins secs et du pain noir. »

« — Merci, mon père; si je ne vous prive pas de votre repos, la seule chose que j'oserais vous demander, c'est l'explication de ce qui vient de se passer sous mes yeux. »

« — Parlez, mon fils. »

« — Mon père, je ne savais pas qu'on pût offrir ainsi, avant le jour et sans assistants, le divin sacrifice. »

« — C'est le privilége de la sainte reclusion; nous appelons cela la messe solitaire. Quant à l'heure de celle-ci; c'est l'orage qui me l'a fait devancer. J'ai voulu prier pour les pauvres voyageurs. Vous étiez en route, ma prière était pour vous. »

« — Merci, merci, mon père, j'allais à Saint-Chef, où m'appelle mon oncle agonisant, le vénérable abbé du monastère. »

CHAPITRE VIII.

« — F. Orderic est admirable, mon fils, c'est un saint. Il n'est pas agonisant aujourd'hui, je l'espère. On m'a donné hier soir de ses nouvelles, elles sont plus rassurantes; vous le reverrez. »

« — Vous le connaissez, mon père? »

« — Sa vertu embaume toute la contrée. Je n'ai pas eu le bonheur de le voir. »

« — Vous ne sortez point de votre cellule? »

« — Elle est murée, mon fils; vous n'avez donc jamais vu de reclus? »

« — Jamais, mon père, et si j'osais..... »

« — Parlez sans crainte. »

« — Cette étrange vie m'étonne, et je suis pressé de vous en demander l'histoire. Le permettrez-vous à un étranger qui n'a d'autre titre à votre confiance que le désir de satisfaire sa curiosité? »

« — Oh! volontiers; mais qui peut vous plaire en ceci? Ma vie est toute d'une pièce, tous les jours se ressemblent, le travail et la prière, voilà toute son histoire? »

« — Mais, mon père, comment avez-vous pu vous décider à embrasser un pareil genre de vie? »

« — La grâce rend léger ce qui paraît affreux à la nature. »

« — Il y a longtemps que vous habitez cette cellule. »

« — A compter, comme on fait dans le monde, par mois et semaines, il y a bientôt vingt ans ; à en juger par la brièveté avec laquelle le temps s'enfuit, il y a peu de jours en vérité que je l'habite. »

« — Depuis vingt ans enfermé dans cette prison, et vous parlez de bonheur, mon père ! »

« — Oh ! le bonheur, mon fils, le bonheur ! n'est-il pas en Dieu seul ? Qu'est-ce que la volupté, sinon une amère dérision des sens ? Qu'est-ce que la gloire, sinon une fumée ? Qu'est-ce que les richesses, autre chose que de la boue ? Dieu seul, Dieu seul peut faire le bonheur de l'homme, parce que lui seul peut remplir son cœur tout entier. »

« — Je vous crois, mon père ; mais une vie si pauvre, si crucifiée ! »

» — La pauvreté a ses rigueurs pour celui qui a des besoins, elle n'a que des charmes pour celui qui n'a point de désirs. La croix est épineuse, mais elle est douce à porter avec Jésus-Christ. »

« — Cette solitude est affreuse ! »

« — Je suis moins seul que vous ne pensez, car Dieu habite avec son misérable serviteur. Tous les jours je reçois la visite d'un frère qui m'apporte ma nourriture, plus d'une âme pieuse vient à la fenêtre me distraire un peu; aux fêtes de la Vierge, on ouvre la porte extérieure de ma chapelle, elle reçoit alors une foule de visiteurs qui assistent à ma messe et que je bénis à travers l'autre fenestrelle. Le dimanche soir il m'arrive presque toujours de voir monter jusqu'à celle-ci de petits enfants qui me disent : Bonsoir, reclus ! et cela me réjouit un peu; je leur donne ma bénédiction, et dans la saison des fleurs, j'y ajoute quelques roses de mon jardin. »

« — Ce sont là des plaisirs bien modestes. »

« — J'en ai de tout divins. Je trouve un charme infini dans la récitation du Bréviaire; la sainte Messe est une source toujours vive de consolations. Quelquefois je suis transporté de joie, quand au milieu de la nuit j'offre la Victime redoutable; tout fait silence dans la nature, tout repose : les rois sur la pourpre, l'enfant sur le sein maternel, la brebis aux pâturages, le flot sous la mousse, l'oiseau dans son nid. Et là, dans ce lieu sombre, inconnu du regard et de la pensée des hommes, un mystère profond s'accomplit, cette humble cellule est remplie de la splendeur cachée du Créateur des mondes, et elle s'enivre d'un bonheur que ne peut rendre la langue humaine. Inclinés autour de l'autel, les anges adorent et puisent avec leurs coupes vermeilles, dans ce calice, des flots immenses de bénédictions qu'ils répandent sur les empires! et moi, les yeux pleins de larmes, je m'écrie : O sublime et mystique veille! ô solitude! ô silence! ô aimer! ô bénir! ô voir un Dieu d'amour! Quelquefois je reste absorbé jusqu'à ce que la cloche du monastère me tire de cette délicieuse extase! ô mon fils, le monde peut-il offrir quelque chose de pareil à ces moments, qui remuent et enlèvent jusqu'aux cieux le cœur d'un pauvre reclus? »

« — Ce sont là, mon père, des émotions inexplicables pour moi. »

« — J'ai des plaisirs moins sublimes et aussi plus familiers. L'étude m'offre de continuelles ressources contre l'ennui. Je transcris des livres et je réussis assez bien à ce travail; dans la belle saison je cultive mon jardin; l'hiver, je fais des corbeilles, des nattes, de petits paniers de jones ou d'osier. Je prépare chaque jour ma nourriture avec les provisions qui me viennent du monastère, je chante des cantiques, quelquefois même je compose des hymnes à ma façon. Vous voyez que la journée passe vite ; et puis, faut-il donc tant de distractions à un pécheur, qui ne devrait jamais perdre un instant de vue... » — Le vieillard s'arrêta tout à coup et porta la main à ses yeux où il essuya deux grosses larmes. »

« — Oh ! je vous trouve heureux à présent, car vous êtes un saint et un grand saint, mon père. »

« — Que dites-vous là ? un saint ! mon Dieu ! je ne vous ai raconté que le beau côté de ma vie, si vous saviez tout ! Ah ! du moins sachez que je fus un malheureux, et, si jamais vous repensez au reclus de *Stremiacum,* priez pour le plus grand de tous les pécheurs. »

« — Oh ! mon père, Dieu me garde de vouloir scruter votre cœur, et surtout de croire aux aveux que l'humilité vous arrache ; mais votre bonté m'encourage. Dites-moi, mon père, ce bonheur de la cellule est-il un bonheur de chaque jour ? »

« — Chaque jour a son tribut de peine à

lever sur les créatures ; malgré cela, je vous l'ai dit, je suis heureux. »

« — Mais ce malheureux mot *toujours* ne vous épouvante-t-il pas? »

« — Et qu'a-t-il donc de si terrible? Pourquoi ne pas toujours prier, ne pas toujours vivre sur la croix, ne pas toujours pleurer ses péchés, ne pas toujours songer au ciel et à notre Père, que nous avons là-haut? »

« — On peut également prier et pleurer dans le cloître et même dans le monde. »

« — Chacun, mon fils, a ses besoins, ses périls et le secret instinct d'une vocation particulière. »

« — Mais si quelque grand ennui venait à vous saisir l'âme? »

« — Eh bien! je le supporterais avec l'aide de Dieu. »

« — Cela serait-il longtemps possible? »

« — O mon fils! vous m'adressez là une question délicate. »

« — Pardon, mon père, excusez l'indiscrétion d'un inconnu; j'ai dépassé les bornes d'une sainte curiosité. Bénissez-moi, saint vieillard, et je m'éloigne. »

« — Non, mon fils, quoi qu'il en coûte à

l'amour-propre, je dois vous faire un aveu; vous connaîtrez mieux alors le pauvre reclus, et vous cesserez de l'estimer à l'égal d'un saint. »

« — Mais je suis confus. »

« — Non, écoutez; jurez-moi toutefois, par Notre-Dame, que vous ne révélerez qu'à un prêtre le secret que je vous confie. »

« Le voyageur jura par Notre-Dame de ne dire à personne, pas même à un prêtre, le secret qui allait lui être confié. »

» Alors, d'une voix plus douce, plus affectueuse, le reclus reprit la conversation. »

« — Apprenez donc quelle est la faiblesse de cet homme que tout à l'heure vous preniez pour un saint. Quoique je rougisse aujourd'hui du sentiment qui m'agitait alors, je ne puis encore y songer sans frémir. »

« C'était un jour de fête bien solennelle pour *Stremiacum*. Le baron Karl de la Tour-du-Pin revenait de la croisade, et rentrait dans sa chère cité. Autour de moi tout était en liesse; on sonnait les cloches, on tirait des coups d'arquebusade; mille bruits de pas, de cris, de hennissements de chevaux, mille voix d'hommes, de femmes, de petits enfants arrivaient à ma cellule, et moi, j'étais triste et morne. Tant de mouvements au dehors; au dedans, tant de solitude et de silence, ce contraste me frappa. Pour comble de maux, le pain du reclus était en retard, ce qui n'arrive jamais, mon fils; alors un grand ennui me saisit le cœur. J'avais bien éprouvé, dans cette vie de vingt ans, quelque peine à captiver mon imagination et à la renfermer étroitement dans ma cellule; mais cette fois, c'était un tourment horrible, une obsession. Bientôt j'entendis les brillantes fanfares qui annonçaient l'entrée triomphale de l'heureux croisé... »

« — Vous avez été soldat, mon père?

« — Je suis reclus, mon fils.

« Je ne me retins plus, il me semblait que c'était un acte de frénésie qui m'avait amené dans cette cellule : ne pouvais-je pas servir Dieu dans le monde, ou au moins dans le monastère. J'y aurais joui de toute l'affection des frères, qui m'avaient choisi pour leur prieur. Il faudrait donc rester là toute ma vie! là, dans cette cellule déserte, sombre, effroyable. Et ce sort odieux, c'était moi qui me l'étais choisi de préférence aux joies et aux honneurs du cloître. Me levant en sursaut, je me promenais à pas brusques et rompus dans ma cellule; mais ces froides murailles, que j'atteignais à chaque pas, me repoussaient, m'étouffaient. Je m'élançai dans mon jardin, toutes mes fleurs étaient vives, radieuses; un rosier que je cultive avec soin étalait, comme un dôme, ses roses brillantes et fraîches. Je ne jetai pas même un regard sur elles, je rentrai brusquement dans ma cellule, j'en ressortis aussi brusquement pour y rentrer encore. J'étais tellement hors de moi, que je parlais tout haut. Mes pensées se précipitaient en désordre et sans liaison, mon cœur sans amour était bouillonnant de désespoir. Tous les tourments de l'enfer semblaient dévorer mon âme, je n'avais plus d'espérance. »

« Si j'eusse pu verser du moins quelques larmes! Non, mes yeux étaient secs, arides; en revanche, une brûlante sueur inondait mon visage. En ce moment affreux, vous le savez, ô mon Dieu! et l'aurez-vous oublié? je fus sur le point de blasphémer votre loi. Je m'écriais : Vœux imprudents! serment fatal! ô mon fils, je vous scandalise... vous l'aurez voulu. Un religieux devrait avoir atteint la cime la plus élevée de l'abnégation, lorsqu'il veut embrasser la vie que je mène; mais l'esprit malin est si subtil, et l'esprit de l'homme est si faible! Heureusement le Seigneur n'abandonnne jamais celui qui se confie à lui. Essoufflé, harassé de ma violente course, j'allais me jeter au pied de ce même autel d'où vous venez de me voir descendre. Dans ma fureur, je frappais de la tête contre la pierre, je m'agitais sur le pavé; vingt fois je fus prêt à me relever pour retourner à mon jardin, car je ne priais pas. Enfin, un soupir s'échappa de ce cœur coupable, il me vint en pensée une parole du Psalmiste : *Le Seigneur est près de ceux qui ont le cœur désolé, il sauvera les humbles d'esprit.* Pardon, m'écriai-je, ô Dieu de bonté! pardon! »

« Ce mot fut comme une lumière qui éclaira mon âme, comme un rayon de soleil qui ranima toute mon espérance; d'abondantes larmes vinrent alors, elles achevèrent de soulager cette tête perdue, cette poitrine oppressée, et dilatèrent mon pauvre cœur qui étouffait. J'éprouvai d'abord une grande confusion; puis, la confiance, l'emportant sur tout autre sentiment, j'entrai dans les plaies sacrées de Jésus, je m'y cachai tout entier. Je ne sais en vérité ce qu'alors il se passa en moi, mais après une heure de prières et de ravissement, je me levai consolé, ou plutôt guéri. Une paix indéfinissable avait succédé au plus épouvantable orage. Ma cellule me redevint chère, délicieuse, je ne pouvais me lasser d'en baiser les murs, d'en arroser le pavé de mes larmes. Je revis mon jardin, le soleil se couchait pur et dorait ma logette de ses derniers rayons. Jamais le ciel ne m'avait paru si beau! tout à l'heure, mon cœur se brisait d'angoisses, à présent il bondissait de joie. Une voix connue me rappelle à la fenestrelle où vous êtes, c'était celle du frère qui m'apportait les provisions ordinaires. Je soupai gaîment. Mon sommeil fut doux, croyez-moi, mon fils; » et en disant ces mots, le vieux reclus essuyait son front que l'émotion de ses souvenirs avait couvert d'une sueur brûlante, tandis que l'étranger, lui, essuyait à ses yeux une larme. »

« — Oh! l'horrible tourment, mon père! comme vous fûtes heureux d'en être délivré! Mais depuis, n'avez-vous jamais éprouvé de regrets, ni d'ennuis pareils? »

« — Il y aura demain trois ans de cela; depuis ce jour affreux, dont le souvenir m'humilie, jamais je n'ai ressenti dans la paix dont je jouis la moindre altération. Ma retraite est un lieu de délices. Souvent même je me prive d'aller dans mon jardin, de peur que trop de plaisir ne m'enlève devant Dieu les faibles mérites de mon sacrifice.

« — Bon reclus !

« — Oh ! vous ne comprenez pas cela, vous autres, qui vivez dans le monde ! rien d'étonnant ; tous ne sont pas appelés à cette vie. Quelle que soit la carrière que vous suiviez, mon fils...

« — Celle des armes, mon père !

« — A votre âge encore ? et le reclus soupira.

Celle des armes, continua-t-il, a ses gloires, ses piéges, ses périls ; mais après tout, mon fils, soldat ou religieux, c'est au Ciel qu'il faut penser. Tout le reste passe comme la fumée, frivolité, lorsque ce n'est pas crime. Permettez ces mots à un vieillard, qui lui-même a trop longtemps connu le monde et l'a quitté trop tard. »

« — Je vous remercie, mon Père ; votre parole ne sera point tombée sur un sol aride. Un jour, elle germera sans doute et portera des fruits de bénédiction et de salut. »

« — Dieu vous entende, mon fils ! et maintenant que l'orage a cessé, que la lune se lève, permettez-moi de prendre un peu de repos ;

l'heure de la prière matinale ne tardera pas à meréveiller. »

« — Oui, mon père, allez dormir du sommeil des justes ; moi, je vais trouver encore un ange terrestre à l'abbaye de Saint-Chef. »

« — Rappelez le pécheur de la recluserie de *Stremiacum* au F. Orderic. »

« — Avant que je m'éloigne, mon père, ne me bénirez-vous pas ? »

« — Le voyageur s'agenouille ; alors le reclus, élevant les mains et les yeux vers le grand crucifix de l'oratoire, se retourne et bénit au nom du Père, du Fils, et du Saint-Esprit ; l'inconnu que nous allons suivre à l'abbaye de Saint-Chef. »

IV.

« Du caractère dont il était, l'étranger ne pouvait manquer d'être vivement ému du spectacle de cette nuit étrange ; mais, s'il fût rentré dans le monde, s'il fût retourné de suite à la vie douce et paisible qu'il menait à Tolose, à la

Cour de Raymond, il eût vu peu à peu s'effacer de son esprit les graves impressions de la recluserie. Il était écrit là-haut que cet homme serait un saint; pour l'amener aux sacrifices de la piété chrétienne, il fallait fixer son attention sur les graves pensées de l'éternité, lui présenter d'un côté, la pénitence élevée à sa plus haute perfection; et de l'autre le spectacle d'une mort délicieuse. Les renoncements de la recluserie l'avaient profondément touché, une scène plus attendrissante encore pour lui allait achever l'œuvre déjà si fort avancée de sa conversion. »

« F. Orderic était non pas agonisant, mais sans espoir de guérison quand arriva son neveu. Il lui tendit une main défaillante et le pressa tendrement sur son cœur. Les derniers jours de l'homme juste ressemblent assez ordinairement aux derniers scintillements d'une lampe qui se meurt. Il y a des moments où le cœur se ranime et jette de ces paroles ardentes qui embrasent l'âme de ceux qui l'entourent. Orderic, qu'on avait aimé comme un père, était constamment environné de ses religieux, qui lui prodiguaient avec une filiale affection tous les soins de la charité chrétienne; lui, ne cessait de leur recommander la perfection de leur

Ulric donna, en naissant, la mort au sein qui l'avait porté, ainsi son berceau fut placé sur deux tombes. Par là même, Ulric devenait en même temps orphelin et possesseur d'une grosse fortune; mais les désordres d'une violente et passionnée jeunesse en eurent bientôt consumé la meilleure part. Ulric était colère, superbe, vindicatif, c'était le fils de Robert; mais bon, sensible et généreux; l'âme d'Alegonde avait passé dans le cœur de son enfant. »

« Un gentilhomme de la même ville, plus âgé que lui de cinq ans, et nommé Rodolphe, caractère impétueux, bouillant, querelleur, laissé sans fortune par son père mort au champ d'honneur, devint le compagnon et l'inséparable ami d'Ulric. Ulric avait alors dix-neuf ans, Rodolphe en avait vingt-quatre. Heureux amis, dit le vieillard en levant les yeux vers l'oratoire, si la religion avait cimenté une si touchante union! Mais autant par dévouement que par inclination, le client suivait en tout les déportements de son protecteur; plaisirs, voluptés, combats d'Ulric, tout lui devenait personnel; la reconnaissance l'avait fait esclave. »

« Tout à coup retentit d'un bout de l'Eglise à l'autre un cri d'enthousiasme : *Dieu le veut! Dieu le veut!* L'ermite Pierre arrive à Caen, monté sur un âne, dont le respect de la foule va jusqu'à arracher les poils. L'austère physionomie du prédicateur, sa parole ardente, ses vives peintures, ses gestes animés remuent, exaltent, emportent l'imagination des deux amis. Adieu plaisirs! adieu querelles! Partons, dit Ulric à Rodolphe, allons croiser le fer contre les ennemis du Sacré Tombeau. Quelques jours après, ils jurent l'un et l'autre la trêve de Dieu et reçoivent la croix. Ulric dispose de sa fortune, en distribue une partie aux pauvres, vend le reste au monastère du Bec, dont Anselme était alors abbé, et le premier enrôlé sous la bannière de Frédéric, il donne aux Normands la leçon du courage et le signal du départ. Un seul varlet, Herbert, les accompagne en la sainte croisade. »

« C'était un beau mouvement que celui qui emportait les deux jeunes hommes sur les pas de l'ermite Pierre, le même mouvement y précipita toute l'Europe. Mais leurs cœurs exaltés n'étaient point changés : en des lieux si différents, ils se retrouvèrent les mêmes. On était depuis six mois sous les murs d'Antioche, et les opérations du siége, qui traînaient en longueur, étaient journellement contrariées par les brusques sorties des assiégés. La première ardeur des croisés était tombée : l'oisiveté, inséparable des longueurs d'un blocus, laissa aux deux amis le loisir de retourner aux habitudes de leur première vie; et, par un funeste effet du même aveuglement, ils se rencontrèrent un jour tous les deux sur le chemin de la même passion. Isaure semblait incliner vers Rodolphe!....... sa rigide et inflexible vertu lui fit prendre un parti qui aurait dû les désarmer l'un et l'autre. Elle disparut sans retour du camp des croisés. Mais l'envie était descendue amère et implacable au cœur d'Ulric, déjà de sinistres provocations avaient rompu leur commerce en apparence inviolable. Oublieux du serment de la sainte trêve, oublieux surtout de leur tendre amitié, ils fondent l'un sur l'autre et se déchargent tour à tour des coups violents et meurtriers. Vainement sonne la trompette qui annonce une sortie de l'ennemi, ces furieux n'entendent rien, ne voient rien autre chose que la vengeance; les coups volent et se succèdent, Ulric tombe, baigné dans son sang. A l'instant même, une flèche siffle et vient effleurer la joue de Rodolphe, il se retourne, une nuée de Sarrasins est sur ses pas. En toute autre rencontre Rodolphe eût bravé sans effroi la mort et les Barbares; mais le crime énerve le cœur, il fuit, abandonnant le corps d'Ulric, et peut-être ne doit-il qu'à la fièvre d'une vengeance, à peine assouvie, l'agilité de sa course et son salut. Mais plus aigu mille fois et plus sûr que la flèche ennemie, le remords ne tarda pas à se lever, amer et déchirant, dans le cœur du fratricide. Rodolphe avait tué plus qu'un frère, il avait assassiné celui auquel il devait tout ! »

« A peine la valeur des croisés a-t-elle repoussé l'inégale impétuosité des Sarrasins, que sans attendre le jour, à la pâle clarté de la lune, Rodolphe retourne au lieu où gisait le corps du malheureux Ulric. Il n'a pas de peine à retrouver les traces fraîches encore du meurtre, mais la victime a disparu. Oh! que de sanglots! que de cris poussa Rodolphe! il ne restait donc plus à l'assassin que le désespoir et la honte! Rodolphe ne veut pas survivre à ce double et horrible tourment, vingt fois il est sur le point de se plonger un poignard dans le sein; vingt fois il cherche la mort dans les assauts, la mort trompe ses espérances, mais quantité de blessures sillonnent ce front jadis si fier et si brillant, mille cicatrices, cette poitrine où brûlait un cœur si ardent et si dévoué. Le fratricide est sans fortune, sans amis, sans force; plus de joie, plus de saints combats. Il n'ira guerroyer ni sous les murs de Saint-Jean-d'Acre, ni sous ceux de Jérusalem, il ne verra ni le saint sépulcre, ni le triomphe de Godefroy. Sa main, devenue trop faible pour porter le glaive, est bonne tout au plus maintenant à saisir la mandore des trouvères. Quittant nocturnément le camp des croisés, il ira, pauvre et désolé ménestrel, avec Herbert qui veut lui rester fidèle, de ville en ville, à travers l'Italie et la France, loin de cette terre chérie où naguère, dans la compagnie d'Ulric, il guerroyait avec tant de valeur et se jouait avec tant de voluptés. On le verra sur les places publiques et sous les fenêtres des donjons chanter la gloire des croisés fameux, redire les combats auxquels il prit une si courte part, et ceux dont la renommée arrive chaque jour jusqu'à lui. Mais vainement il chante, un souvenir triste et noir l'oppresse. Abrité par les châtelaines tant que dure le jour, il parle de combats et de victoires, et puis, quand la nuit appelle tout le monde au repos, il rêve de meurtre, de sang, et d'Ulric. Que de fois il crut voir se dresser sur son lit l'ombre fatale de son ami! Que de fois, brusquement réveillé, il se leva plein de larmes et en poussant des cris déchirants! L'infortuné, que ne revient-il à des sentiments plus religieux et plus purs! Mais Rodolphe se désespère et ne prie pas..... Toutefois une innocente priait pour lui et pour son malheureux frère. »

« Un jour, à Tolose, sous les fenêtres d'Islutegarde, nièce du comte Raymond Bérenger, entouré d'un groupe nombreux, il chantait avec la mandore un lai sur le siége d'Antioche, lorsque tout à coup il est interrompu par de lointaines et confuses voix d'hommes et de femmes. Le bruit, se rapprochant de plus en plus, laisse bientôt distinguer de pieuses litanies. Bientôt apparaît, flottant dans les airs, un blanc drapeau porté par de petits enfants, que suivent deux longues files de vierges vêtues de blanc, une double file de matrones, vêtues de noir, et ayant à la main des torches enflammées. Au milieu du sombre cortége, d'un pas ferme et pourtant religieux, marche une jeune vierge de vingt ans. Une robe de bure grise la recouvre tout entière, un long voile cache à demi son front, que ceint une couronne de fleurs blanches et bleues. Rodolphe ne fit qu'entrevoir sans la démêler cette radieuse figure, et le clergé qui la suivait, et le vieil évêque de Tolose qui présidait la cérémonie. Il reprit au milieu du groupe, que la curiosité avait notablement diminué, ses chants de guerre et ses brillants récits. Mais l'attention s'allanguissait, et plus d'une voix se mêlait inharmoniquement à la mandore, répétant le nom de sœur Richilde. Islutegarde elle-même avait disparu de sa fenêtre, après avoir envoyé par son varlet l'obole du pèlerin au fier Rodolphe, presqu'outragé par cette modique et dédaigneuse offrande. Il dépose donc aux mains d'Herbert sa mandore et se mêle à la conversation vive et tumultueuse de la foule. On n'y parlait que de Richilde, fille venue de lointains climats, selon les uns; selon d'autres, orpheline en naissant, elle était née sur les bords de l'Océan. Tous admiraient le dévouement de cette jeune vierge, qui s'allait reclure et qui cachait pour toujours, entre quatre murailles étroites, la fraîcheur de sa jeunesse et l'éclat de sa beauté.

Cependant un homme du plus menu peuple se

trouva là, qui hochait la tête et souriait d'une façon amère. C'était sans doute quelque mécréant de mauvais lieu et âme damnée, car il osa blasphémer tout haut contre la sainte reclusion. A cette voix sinistre, il se fit dans les groupes un moment de silence, puis la rage populaire se courrouçant comme une tempête, le mécréant qui vit se lever l'orage, prit promptement la fuite. Rodolphe se sentit ému. Tant de générosité de la part d'une jeune fille, tant d'enthousiasme chez le peuple témoin de son sacrifice enflamme sa vive imagination, il reprend la mandore et entonne à la recluse un chant d'adieu. »

« Je ne suis pas poëte, messieurs, dit le vieillard en interrompant sa lecture, mais les quelques lignes, où l'auteur latin a renfermé le chant de Rodolphe, m'ont aussi inspiré. Voici tant bien que mal l'imitation que j'en ai faite, je l'ai retenue par cœur :

> Ainsi la fleur vit sous l'ombrage,
> Ainsi derrière le nuage
> Pour d'autres yeux l'étoile luit,
> Ainsi la colombe timide,
> Au moindre bruit, d'un vol rapide
> Revient se cacher dans son nid.

CHAPITRE VIII.

Aux bruyants murmures du monde
Tu préfères la paix profonde
Du silencieux reclusoir,
Et dans ta douce solitude
Nulle terrestre inquiétude
De ton cœur ne trouble l'espoir.

Ton dénûment fait ta richesse ;
Nulle parure à ta jeunesse ;
Nulle couronne à tes attraits ;
Nul autre atour que l'innocence !
La solitude et le silence
Ont pour toi d'enivrants secrets.

Salut, Vierge, douce recluse,
Les chants profanes de la muse
N'arrivent pas jusqu'à ton cœur ;
Tu n'entends que les voix divines
Qui du haut des saintes collines
Te parlent, au nom du Seigneur.

Par ces voix toujours caressée,
Ton oreille serait blessée
D'un accord terrestre et mortel,
Reste dans ta pure lumière ;
Ne redescends plus sur la terre,
Puisque ton âme habite au ciel.

Nous applaudîmes à l'essai poétique du vieillard ; après nous avoir remerciés de nos encouragements, il continua sa lecture :

« La foule redevenue attentive avait pleuré aux chants du trouvère, et maintenant que la nuit se faisait et s'éparpillait dans les rues voisines, Rodolphe n'avait pu songer au gîte ; il se retourne, cherche des yeux Herbert qui, pour cette fois infidèle, après avoir remis à son maître la mandore, avait couru après la procession de la recluse, et vu sceller à Notre-Dame-du-Pont la bénite Richilde. Il était grande nuit quand revint Herbert. Rodolphe n'eut pas le courage de lui adresser des reproches ; lui-même, s'il l'eût osé, quittant la place publique et la foule qui l'écoutait, eût volé tout à l'heure sur les pas de Richilde et sur ceux du vieux pontife, qui l'allait consacrer à un éternel oubli. Je ne sais quelle secrète émotion avait excité dans son âme cette lugubre et solennelle apparition. Au fond de ce cœur coupable, il s'était éveillé quelques-uns de ces remords qui si souvent agitaient le sommeil du fratricide. Rodolphe et le varlet frappèrent inutilement à plusieurs portes de Tolose, elles restèrent cruellement fermées au ménestrel.

CHAPITRE VIII.

Ils passèrent donc la nuit sous le porche de Notre-Dame-du-Taureau, à la vue d'un beau ciel semé d'étoiles. Le sommeil vint à tous deux, mais bien différemment. Celui d'Herbert fut prompt, calme et profond; celui de Rodolphe tardif, agité, pénible et plein de brusques réveils. Quand la fraîcheur de la nuit l'eut saisi, Rodolphe s'endormit enfin; mais son sommeil se ressentit de son état si agité, une vision l'obsédait, c'était l'image de la recluse qui ne l'avait pas quitté. Il rêva de Richilde.

Ce n'était plus une héroïque victime que la religion conduisait à l'autel du sacrifice, c'était une heureuse et bénite vierge qui venait de rendre au fond de son obscur exil un dernier et angélique soupir. Rodolphe la voyait inhumée parmi les fleurs du jardin qui avoisinait la cellule, il voyait le concours du peuple se grouper autour des prêtres, il entendait leurs chants, et puis, une fois la foule écoulée, le ciel lui apparut tout en feu, et, du haut des nues, une femme vêtue de blanc et couronnée d'étoiles qui descendait, elle s'arrêta au lieu où l'on avait inhumé Richilde, et cette femme vêtue de blanc et couronnée d'étoiles se pencha sur la terre fraîche encore de la tombe, la remua du doigt et il en sortit une colombe blanche comme la neige, et la femme venue d'en haut la saisit doucement, la mit dans son sein, et, répandant sur ses pas une rosée de lumière, elle remonta lentement vers les cieux (1). Et là haut il se faisait une grande fête, et deux chœurs de séraphins, venus au devant de la femme, jetaient des roses et des lys devant ses pas, et le premier chœur des séraphins lui disait : « Quelle est » celle qui vient du désert enivrée de dé- » lices? » Et le second chœur répondait : « C'est » mon unique, ma bien-aimée, ma chaste co- » lombe. »

» Vite, Rodolphe eut compris que la femme vêtue de blanc et couronnée d'étoiles était la Reine des vierges, et la colombe fortunée, Richilde la recluse. Ce songe était doux, il n'éveilla point Rodolphe. Mais la scène allait bien changer. Tout à coup il vit un des anges qui venait d'épuiser sa corbeille de fleurs sur les pas de Marie, en retirer une coupe pleine d'un sang qui semblait bouillonner et criait vengeance, et sous le ciel cette voix roulait comme un tonnerre, et tout, dans l'asile du

---

(1) *Ces.*, lib. XII, cap. 46.

pardon, redisait : Vengeance! vengeance! Déjà la foudre soudain allumée s'agitait toute brûlante auprès d'un trône, que recouvrait un nuage étincelant de pourpre, d'or, de lumière et de majesté. Il se fit dans l'âme de Rodolphe un silence plein d'horreur; il voyait la foudre prête à tomber sur lui, quand la colombe sortie du sein de la femme couronnée d'étoiles, dirigea son vol vers le trône : à l'instant la foudre part avec un bruit horrible et frappe à quelques pas de Rodolphe une masure abandonnée.

Brûlant de fièvre et d'angoisses, inondé de sueurs, le fratricide s'éveille en sursaut, se précipite à deux genoux devant la statue de la Vierge qui pare le trumeau du portail. Herbert s'éveillant, imite machinalement son maître, et tous deux prient la Vierge, refuge des pécheurs. Rodolphe fond en larmes, Herbert, lui, ne verse pas de pleurs, il n'a pas versé de sang! Oh! que cette tardive prière du fratricide fut douce à son cœur! Que de pensées émouvantes en furent la suite, Dieu seul a le secret de ce qui se passa alors dans cette âme, mais Rodolphe se leva changé. Toutefois, sur ses traits hagards encore, on devinait que la lutte durait toujours entre ses remords et sa faiblesse, entre les habitudes de son aventureuse vie et le grand projet qui roulait dans sa tête. »

« Le jour était venu, il se hâta d'aller visiter, par sa fenestrelle du moins, la recluse de Notre-Dame-du-Pont. De loin, il vit de jeunes enfants du peuple, qui se jouaient avec les fleurs détachées hier du front de Richilde et avec les buis de la guirlande, qui ornait la porte de la cellule. Quand il fut près de la fenêtre, il entendit une harmonieuse et angélique mélodie. C'était Richilde qui chantait les délices de sa retraite. Vous me pardonnerez encore ces vers si pâles et si froids, » nous dit le vieillard. — « Dites, dites, monsieur, » et il reprit :

Comme un cerf altéré soupire après l'eau vive,
Comme l'enfant s'attache au sein qui l'a porté,
Ainsi vers ta cellule, ô suprême beauté,
Richilde, ivre d'amour, enfin Richilde arrive.

L'hirondelle a son nid sous le toit des maisons,
L'aigle porte son aire au flanc du roc sauvage,
La fauvette se cache au milieu des buissons,
Et Richilde, Seigneur, en son doux reclusage.

Aux vanités du monde, à ses regards impurs,
Pour toujours du Seigneur dérobez la conquête,

Dans l'éternel secret de votre ombre muette,
Ensevelissez-moi, perdez-moi, sacrés murs!

Vierges, parfumez-vous, livrez-vous à la brise,
Foulez en folâtrant l'herbe des prés fleuris,
Pour Richilde ces jeux n'ont plus le moindre prix;
D'autres fêtes, son âme est maintenant éprise.

Je suis à Jésus seul, à Jésus sans retour;
Si je lui sacrifie ici-bas quelque chose,
Dans ses bras, en échange, il veut que je repose
Et qu'au ciel je le voie, entouré de sa cour.

» Impatient de converser avec la mystérieuse colombe, Rodolphe met la tête à travers les barreaux de fer de la fenestrelle, que recouvrait encore au dedans de la cellule un vitrage et un voile brun. Il la nomme de son nom populaire : « Richilde, un pécheur que vous avez converti » ne peut-il vous remercier? » Richilde n'avait sur la terre ni père, ni frère; elle ne répondit pas à la voix d'un homme, et le voile de la reclusion ne se leva point devant Rodolphe. Il insistait, avec des larmes et des prières. Prosternée elle-même devant une grande croix noire, Richilde priait et ne répondait point à l'étranger. Rodolphe se retira de quelques pas, puis promenant les yeux sur l'extérieur de la cellule, il lut au-dessus de l'arceau qui venait d'être muré, ces mots funèbres : *Requiescat in pace*. Un soupir involontaire échappe au cœur du fratricide, il se rapproche de la fenestrelle : « Sainte fille de Dieu morte au monde, priez » pour la persévérance de celui que vous avez » sauvé ! »

» Au lieu de calmer ses remords ou de refroidir son zèle, cette scène muette ne fait qu'en redoubler l'énergie; il revient à Notre-Dame-du-Taureau, prie encore à l'autel de Marie, puis, animé d'un sublime courage, il vole auprès de Bertram. Le vénérable pontife accueille le ménestrel, reçoit sa confession, lui défend sous les plus terribles peines, et lui fait jurer de ne révéler qu'à la mort la sanglante et scandaleuse infraction qu'il a faite sous les murs d'Antioche à la trêve de Dieu. Quelle honte ne serait-ce pas pour la croisade, et quelle tentation pour les âmes faibles ! Rodolphe le consulte sur son projet de reclusion : le pieux pontife l'instruit des longues préparations que demande l'Eglise. Que Rodolphe quitte Tolose où la réputation du ménestrel donnerait plus tard trop d'éclat à la pénitence du reclus, la piété véritable veut moins de faste dans ses renoncements. Qu'il aille à *Lugdunum* où les recluseries fleurissent et répandent un doux parfum, sous la houlette du grand et saint légat Hugues, et là, qu'après de convenables épreuves, Rodolphe s'ensevelisse avec amour dans la reclusion. Tel est l'avis du sage Bertram, archevêque de Tolose. Rodolphe baisse la tête, reçoit la bénédiction du prélat, dit adieu au fidèle Herbert qui le quitte en pleurant, et va rattacher sa destinée à quelque vie moins aventureuse. »

II.

« Un saint zèle avait jeté le légat Hugues dans les périlleuses luttes de la croisade. Anselme, archevêque de Kenterbury, le même à qui Ulric, avant de quitter le Bec, avait remis les restes de son patrimoine, Anselme occupait au ministère des âmes les loisirs de son long exil. Il remplaçait Hugues, et *Lugdunum*, émerveillé de ses vertus, de son aménité, de son éloquence, admirait le primat, et l'aimait comme un père. Anselme reconnaît, embrasse, encourage Rodolphe, et, pour l'initier tout de suite à l'âpre vie de la cellule, il le conduit aux diverses recluseries de la cité. »

« Ils visitent ensemble les recluseries de saint Eucher, sur la montagne de Fourvières; de saint Clair, à l'entrée du faubourg de ce nom; celle de saint Sébastien, au sommet de la colline, celle de saint Côme, celle de saint Marcel, de saint Alban, de saint Eloi, de saint Barthélemy, de saint Hilaire, de saint Vincent, de saint Martin de la Chasse, de saint Epipode et de saint Irénée. Après les recluseries d'hommes, ils voient les recluseries de femmes, celle de sainte Madeleine, au Gourguillon, de sainte Marguerite, de sainte Hélène surtout, où vivaient deux recluses fort âgées, dont la piété égalait la douceur : elles habitaient l'une auprès de l'autre et dans la plus parfaite harmonie. Anselme se plaisait à les visiter. Aussi ne manque-t-il pas d'y conduire le zélé néophyte. »

« Ils trouvent toutes ces recluseries occupées par des anges terrestres, les unes par des hommes pénitents, les autres par des vierges pures. De chacune de ces retraites, il vient aux oreilles

CHAPITRE VIII. 211

de Rodolphe des paroles ardentes, fortunées, qui embrasent le cœur déjà si fortement ému du ménestrel. C'en est fait, il sera reclus lui aussi. Une logette obscure, une prison à jamais infranchissable recevra l'homme de sang. Mais *Lugdunum* pas plus que Tolose ne jouira du spectacle de son dévouement. « Il y a parmi nous
» encore trop d'éclat sur la retraite, lui dit An-
» selme, allez à *Stremiacum*, une recluserie est
» là, solitaire, abandonnée. Dans le cloître dont
» elle dépend, sous la conduite du saint vieil-
» lard Bénédict, vous apprendrez la règle des
» reclus avant d'en commencer la vie. Allez,
» beau fils, Anselme vous bénit. »

« Ici, le vieillard se leva et nous fit signe de le suivre. Nous gravîmes le sommet rocailleux de la montagne, et nous arrivâmes en peu d'instants aux ruines du vieux couvent. De loin, elles offrent l'aspect le plus pittoresque, vues de près, elles portent à la plus douce mélancolie. Seul, le vieux clocher d'architecture romane est resté debout, avec une petite chapelle que lui rattache un arc de la Renaissance, et où se voient encore quelques peintures. D'énormes amas de pierres recouvrent toute la plate-forme du mont. L'église s'avançait dans la direction de la ville et faisait face au château de Saint-Laurent. Selon l'usage de ces temps, le monastère encadrait l'église, avait deux petites faces sur le même plan et une façade principale tournée au nord-est. C'était comme un immense belvédère d'où la vue, refoulée à la gauche par le mont d'Anoysin, se déployait librement dans toutes les autres directions, planait sur les cinq provinces du Lyonnais, du Forez, du Dauphiné, surtout de la Bresse et du Bugey, et jouissait des plaines riantes arrosées par les eaux du Rhône et celles de l'Ain, dont vous voyez le cours se dessiner si gracieusement là-bas, au pied des coteaux qui ferment l'horizon. »

« Or, c'est là, reprit le vieillard, que vint Rodolphe, montant par le même sentier que nous venons de parcourir. Là, qu'il se jeta aux genoux de Bénédict, père de vingt et un religieux et de quatre novices qui suivaient la règle de saint Benoît. Il était tard et presque nuit quand, d'une main tremblante, Rodolphe frappa à la porte du couvent. — « Qui êtes-
« vous ? lui demande Bénédict ? — Un pécheur.
« — Que voulez-vous ? — La dernière place
« dans votre maison, aux pieds du dernier de
« tous. C'est Anselme de Kenterbury qui m'en-

« voie au saint vieillard Bénédict. » Au nom d'Anselme, Bénédict courbe son front chauve, relève le pèlerin. « Quels que soient votre « histoire et votre nom, mon fils, soyez le « bienvenu. » — Et cette nuit-là même, mêlé au chœur des moines, Rodolphe chantait l'office des solitaires. Il embrassa, comme on le présume, avec amour la règle du couvent, et, sous le nom de frère Théobald que lui imposa Bénédict, il devint pour le monastère un touchant modèle de silence, de mortification et de bienveillante charité. Ce fut un prodige que la souplesse avec laquelle se plia ce caractère fier, énergique, aux exigences de la loi commune. Sa prière était pure, son front calme, sa démarche grave, sa parole toujours égale. Souvent de grosses larmes tombaient de ses yeux à l'église, à la sainte coulpe, et surtout à la communion du corps de Jésus-Christ ; mais quand les frères se livraient aux loisirs innocents de la communauté, Théobald était le plus gracieux, le plus aimable des religieux, les charmes de son esprit rehaussaient aux yeux de tous l'élévation de sa vertu. »

« Cette sainte vie ne tarda pas à fixer l'attention de Bénédict, qui résolut d'appeler Théobald au redoutable ministère des autels. Effrayé, interdit, bouleversé par de tragiques ressouvenirs, Théobald tombe aux pieds de Bénédict, lui apprend, sans désigner les circonstances que Bertram lui avait fait jurer de garder secrètes, l'homicide dont il s'est rendu coupable. Bénédict hésita un instant, frémissant d'avoir à ses genoux un vil assassin. Puis, le relevant avec bonté : « N'importe, dit-il, je demanderai la » dispense au métropolitain. Vous serez prêtre, » Théobald, allez prier Dieu. » Théobald reçut donc successivement les saints ordres.

« Bénédict avait bien d'autres projets sur le fervent religieux. Le moment de les exécuter ne se fit, hélas! pas attendre. En effet, le vieillard tomba gravement malade; quand furent venus ses derniers instants, d'une voix mourante, il conjura les moines de lui donner Théobald pour successeur. Théobald est le seul qu'étonne une semblable proposition, le seul qu'elle trouve rebelle : « Obéissez, lui dit Béné- « dict, et je meurs content. » Théobald s'incline sans mot dire. Cette scène touchante avait achevé les forces du pauvre vieillard; il s'éteignit doucement parmi les pleurs de ses religieux, doublement émus et de la perte de leur ancien père et de la profonde humilité du nouveau. »

» Théobald crut devoir dissimuler, un jour, sa pensée, il n'était pas fâché de rendre lui-même au saint vieillard les honneurs de la sépulture, et de présider aux sacrifices, au deuil et aux prières de son convoi. Mais à peine la tombe se fut-elle recouverte sur Bénédict, que Théobald assemble les religieux comme pour recevoir d'eux l'hommage ordinaire, c'est-à-dire la rénovation de leurs vœux. Tous étant rangés en ordre, il descend du siége plus élevé qu'occupait toujours le prieur, s'agenouille devant les moines, abdique la fonction nouvelle dont Bénédict et ses frères l'ont revêtu; il a fait, avant son entrée en religion, un vœu à Notre-Dame, il est résolu d'aller habiter la recluserie du monastère, et de passer dans l'oubli les dernières années de sa pénitence. Ce peu de paroles remplit d'étonnement tous les frères, des larmes d'admiration coulent de tous les yeux............

....

« Deux ans se passèrent dans les épreuves prescrites par la règle du sage Grimlaïc, et quand fut venu le jour de la reclusion, le vénérable Guy de Bourgogne voulut présider lui-même la cérémonie. »

« Le 3 mai de l'année 1107 fut une grande et touchante solennité, pour le monastère de Saint-Hyppolite et pour la petite ville de *Stremiacum*. Dès l'aurore, on entendit les cloches du couvent lancées à toute volée; celles de la paroisse de Saint-Marcel, celles de la chapelle du château de Saint-Laurent, leur répondaient par des sons non moins animés. Le soir, quand l'horloge eut sonné quatre heures, toutes les cloches une seconde fois se firent entendre, et, de suite, les groupes formés dans la grande cour du monastère, commencèrent à défiler, en suivant le sentier taillé dans le roc. C'étaient d'abord comme à Tolose, des enfants vêtus de blanc, qui escortaient une croix entourée à son sommet d'une guirlande de buis et de bleuets, d'où pendaient une foule de beaux rubans roses, dont les petits anges tenaient les nœuds à la main. Puis, sur deux rangs, les jeunes gens de la ville aux voix fortes et tonnantes qui répondaient aux litanies, puis les moines, et au milieu d'eux Théobald vêtu du froc, du capuchon, et portant un flambeau sur lequel était empreint le sceau de Saint-Hyppolite. A la suite venaient le clergé de Saint-Marcel, l'aumônier de Saint-Laurent et les prêtres du voisinage, enfin, le vénérable état, leur rappelait les douceurs de la solitude, le bonheur d'une vie sainte et celui plus grand encore d'une mort confiante en Jésus-Christ. « Je ne savais pas, leur disait-il, qu'il pût être si doux de mourir. »

Et ses religieux pleuraient, et son neveu mêlait ses larmes à leurs larmes. Quand Orderic reçut pour la dernière fois le Viatique des voyageurs et l'Extrême-Onction, l'étranger tenait au chevet du mourant un flambeau allumé, il répondait aux prières de l'Eglise, fixait avec émotion, tantôt cette tête calme et résignée de l'abbé, tantôt ces naïves figures des religieux tout inondées de pleurs, puis il prêtait l'oreille à chaque mot qui échappait de la bouche du saint vieillard. Au moment où le prieur allait commencer les prières des agonisants, Orderic fit un signe de la main, indiquant qu'il avait à parler à son neveu. Aussitôt les religieux se retirent.

Que se passa-t-il entre eux dans ce moment solennel? Je l'ignore. Ce moment fut court, mais il fut décisif pour tous les deux. Quand les frères rentrèrent dans la chambre d'Orderic, le vieillard, épuisé par le dernier effort qu'il venait de faire, eut à peine la force de bénir sa religieuse famille, et il entra promptement en agonie. « Partez, âme chrétienne, » s'écrie d'une voix pleine de sanglots, le prieur, et la belle âme, se détachant de sa prison mortelle, Ulric, car c'était lui, vit un sillon de lumière se reposer sur le chef décoloré de l'oncle qu'il venait de perdre. Il l'accompagna, le cœur plein de deuil, à sa tombe.

Au retour de la cérémonie funèbre, une profonde agitation et les plus graves pensées s'emparèrent de son esprit; il résolut de passer un mois à Saint-Chef pour y mûrir plus sérieusement ses projets. Là, il trouva un doux repos à son âme fatiguée des bruits du monde, et lasse du poids des remords. Sans s'astreindre aux règlements des moines, il s'édifiait de leurs exemples et s'instruisait de leurs leçons. Dans ses courses aux crêtes touffues de la montagne, ou dans les gorges du vallon, dans les douceurs de la prière, ou dans les rêves profonds de la nuit, Ulric ravi ne voyait plus que la vie du cloître. Cette perspective lui semblait le seul moyen de pénitence, la seule porte pour arriver au salut. Qu'était-ce après tout, comparé à cette vie et à cette mort si douces, qu'un monde frivole, corrompu, ces passe-temps de chevalerie, ces guerres bruyantes, ces amusements de la vie seigneuriale? Le ressouvenir d'un duel affreux, la perte d'un ami, cher à sa jeunesse, probablement tombé sous le fer des mêmes ennemis qui l'avaient retenu deux ans prisonnier, cet exemple d'Isaure, qui, sous le nom de Richilde, avait si hautement rompu avec la société des regards profanes, ce vieux reclus de *Stremiacum* avec ses graves et douces leçons, cette physionomie si belle et si calme d'Orderic, ces mots sacrés que lui avait dits le mourant, toutes ces images se pressaient, se confondaient, s'entrechoquaient dans sa pensée; il ne savait à quoi se résoudre. Un jour, il inclinait vers le monde où il se proposait de mener une vie pénitente; le lendemain, il ne voyait de salut pour un cœur encore brûlant sous les glaces de l'âge, que dans un solennel et définitif exil. La grâce à la fin l'emporta : Ulric demande et revêt l'habit monastique, il prend le nom de frère Eligius. »

« Evidemment les anges terrestres de Tolose et de *Stremiacum* et l'ange merveilleux de Saint-Chef avaient prié pour lui. Dieu l'avait prévenu, dans la secrète horreur d'une tempête, il acheva de le guérir dans l'asile plus mystérieux d'une solitude. Là, repassant les folies de sa jeunesse, il se prit à pleurer les égarements de ses passions. L'exemple d'Isaure lui revenait parfois en mémoire ; car, dans son long séjour à la Cour de Raymond, il avait pu deviner le mystère de cette reclusion que Rodolphe, lui, avait vu de ses yeux sans le comprendre. Il savait que pour se dérober aux dangers du camp, Isaure était venue, sous la conduite d'un vieux moine, s'ensevelir dans un monastère et ensuite dans la recluserie de Notre-Dame-du-Pont. Mais Rodolphe qu'était-il devenu ? Il était mort sans doute dans quelque combat. Au sortir de sa prison, Ulric n'avait pas entendu parler, et depuis aucune nouvelle ne lui était arrivée de cet ami auquel son cœur pardonnait, quoiqu'il eût failli périr de sa main, et que, par suite de ses blessures, il eût passé deux ans dans les fers. Du moins frère Eligius prierait pour l'âme du vieux compagnon d'Ulric, qu'il ne songeait plus à revoir sur la terre. »

« Sur ces entrefaites, le prieur de *Stremiacum* vint à mourir. Quelques rivalités ayant éclaté parmi les moines pour la nomination d'un successeur, les bons religieux résolurent de s'en rapporter à l'abbé de Saint-Chef, qui, dans la vue de terminer le différend, leur offrit pour prieur frère Eligius. A la vue de ce religieux simple, modeste, d'une douceur et d'une culture que trahissaient l'élégance de sa parole et la courtoisie de ses manières, toute contestation cessa. D'une voix commune il fut élu. »

« L'humilité d'Eligius n'eut pas manqué d'opposer à ce pacifique arrangement de sérieux obstacles, si la pieuse curiosité d'Ulric n'eût trouvé, dans cette élection qui l'honorait, un moyen de rapprochement avec le vieux reclus de *Stremiacum*, auquel le ramenaient constamment ses souvenirs. Il s'empressa de le visiter, dès le premier jour de son arrivée à Saint-Hyppolite. Le saint reclus, à qui frère Eligius avait fait annoncer de Saint-Chef sa conversion, fut bien réjoui de sa venue. Aucun colloque personnel ne s'engagea entre eux. Il ne fut question que du bon Dieu, de la paix si douce de la vie religieuse, des vertus qui la font fleurir, de l'éternelle récompense qui lui est promise; et cependant, à dater de cette heure, le reclus, dont la santé paraissait épuisée, sembla reverdir. Il y avait dans ses souvenirs plus de vie, dans ses hymnes plus d'ardeur, ses prières devenaient plus longues, ses extases plus fréquentes, ses paroles plus vives et plus embrasées. Nul ne savait ce qui s'était passé dans sa belle âme; mais tous admiraient comment cette nature mélancolique avait pris au dehors un subit accroissement de bonheur, d'expansion et de joie naïve. A Saint-Hyppolite, frère Eligius fit maintes recherches pour savoir le nom primitif du reclus, son pays, sa naissance; mais le mystère le plus profond recouvrait toute cette vie. Du moins Eligius était heureux de voir la réputation de Théobald universellement établie à *Stremiacum* et à Saint-Hyppolite. Ce bonheur dura peu. »

« Les jours du reclus étaient comptés et le terme en approchait. Une fièvre brûlante eut bientôt abattu ses forces, et le moment vint où, ne pouvant se servir lui-même, il eut besoin du ministère de ses frères. La règle le disait : « Si le religieux reclus tombe malade, on brisera » le sceau de la cellule : lui, ne sortira pas de la » recluserie, mais les frères le serviront céans. » Le prieur vint donc, brisa le sceau de la cellule, fit tomber la muraille de séparation, et, s'approchant de la dure couche où reposait le reclus, il lui demanda sa bénédiction. D'une voix tremblante, le reclus bénit Eligius qui, se relevant, fixait ses yeux sur le vieillard avec une incroyable émotion. Il lui devait après Dieu sa conversion. »

« Cette imposante figure où se dessinaient, nobles et majestueux, comme les traces de longues douleurs, deux sillons creusés par les larmes, il la contemplait avec une vénération mêlée d'une indicible et filiale tendresse; elle parlait vivement à son cœur et pourtant ne disait rien de précis à ses souvenirs. De temps à autre, le reclus jetait sur Eligius des regards mourants qu'accompagnaient un soupir étouffé, une larme. Le bon prieur était heureux de cet accueil, mais il ne voyait dans ces démonstrations affectueuses que les signes de la reconnaissance du malade, auquel il prodiguait de tendres soins. »

« Ainsi se passèrent plusieurs jours. Le mal empira, le prieur redoubla ses soins, Théobald, ses remercîments. De temps en temps le vieux reclus éprouvait de terribles angoisses, au point que le délire s'emparait de lui. Alors il laissait échapper des mots entrecoupés, des paroles sans suite. Quelquefois, il semblait commencer une importante révélation : « Ecoutez, Eligius, promettez-moi le secret, » et puis il s'interrompait brusquement, ou bien il continuait en disant des choses indifférentes ou vides de sens... Eligius avait beau le presser de questions, rien ne remettait le saint reclus sur la trace de ses pensées, à peine dessinées, qu'il complétait parfois de la manière la plus incohérente et la plus étrange. »

« Déjà frère Théobald avait reçu le viatique des mourants; un jour, et ce devait être le dernier de sa vie, un jour un grand affaissement le saisit, il se fait coucher sur le cilice et se prépare à passer de ce monde de douleurs et de corruption à un monde meilleur. Frère Eligius était là un crucifix à la main, encourageant de ses paroles le saint agonisant. Le délire ne tarda point à venir avec un nouvel accès de fièvre. Eligius commence alors les prières connues dans l'Eglise et le cloître, sous le nom de *recommandation de l'âme*. Pendant que, les yeux pleins de larmes, il récitait ces touchantes oraisons, Théobald balbutiait une foule de mots, proférait à haute voix quelques paroles auxquelles le prieur ne prêtait aucune attention. Une fois cependant, il crut entendre distinctement les noms d'Ulric, d'Isaure ! Interrompant sa lecture : « Que « dites-vous, Théobald? Ulric! c'est moi qui « suis Ulric; Isaure! qui donc vous a dit le « nom d'Isaure? êtes-vous Rodolphe?... » Et le reclus répétait machinalement, comme un homme profondément endormi : « Ulric, Isaure, Antioche, croisade, Godefroi ! »

« Eligius ne doute plus alors qu'il n'ait retrouvé son ami dans Théobald; il embrasse cette figure tout inondée d'une froide sueur, et, se tenant penché sur le cou du malade, il s'écrie avec des sanglots : « Oh! c'est bien « Rodolphe! Rodolphe, éveille-toi! Mon Rodol« phe, au moins reconnais ton Ulric! » Et le vieux reclus ne répondait point à cette voix, ni à ces pleurs, ni à ces caresses; le froid de la mort semblait l'avoir saisi et, tout autour, les frères fondaient en larmes. Eligius cherchait à retenir le dernier souffle, prêt à s'échapper des lèvres de son frère d'armes. Pour cela, il répétait avec lui ces mots, en les complétant, afin de frapper, s'il était possible encore, l'imagination du mourant : « Ulric, c'est « moi! Isaure, elle s'est fait reclure à Tolose,

« à Notre-Dame-du-Pont; elle se nommait
« Richilde, et maintenant elle est au ciel. Go-
« defroi, il est entré vainqueur à Jérusalem.
« O Rodolphe! Rodolphe! Mon Dieu! donnez-
« lui encore quelques heures d'intelligence et
« de vie, vous aurez rempli de joie le cœur
« de vos deux serviteurs. » Et il reprenait toujours : « Ulric, Tolose, Richilde... »

« A ces noms, le reclus étend violemment sa main, comme pour repousser de sa couche funèbre un souvenir dangereux, ses yeux se rouvrent, quelque chose d'indigné se trahit dans ses regards : « Tolose! Richilde! qui donc a
« prononcé ces mots? »

« — C'est moi, moi, Ulric! reconnaissez-moi. »

« — Vous, Ulric!... Ulric!... est-ce vrai? est-ce vrai? »

« — Oui, c'est moi! »

« Ah! cher Ulric, un ange m'avait dit que
« mes yeux vous reverraient avant la mort.
« C'est vous, Dieu soit béni! »

— « Isaure... est morte en odeur de sainteté;
« il y a deux mois, sous le nom de Richilde,
« comme vous recluse, à Tolose, à Notre-
« Dame-du-Pont. »

« — Quoi, Richilde était Isaure !... *Deo gratias !* » et puis, jetant un regard sur Ulric, un soupir vers la croix, il expire ! »

« A l'instant même Ulric vit s'élever de la couche funèbre un globe ardent comme la flamme ; une croix d'azur le couronnait au sommet. »

« Ici, reprit notre aimable lecteur, manque au manuscrit une page entière, que sans doute le chroniqueur avait consacrée aux vives émotions d'Ulric, ou plutôt de frère Eligius. Vos cœurs suppléeront abondamment au silence du manuscrit ; j'achève le récit : »

« Les efforts que l'on fit pour arracher Eligius du lit funèbre, où gisait le corps froid de Théobald, furent vains. Lui-même creusa dans le jardin de la recluserie la tombe du saint pénitent, y plaça solennellement sa chère dépouille ; et puis, quand les religieux voulurent le ramener à Saint-Hyppolite, il leur raconta la longue histoire de sa jeunesse : son étroite amitié avec Rodolphe, leur sanglante querelle, la généreuse disparition d'Isaure, la nuit passée avec Théobald à la fenestrelle du reclusoir, sa propre conversion en l'abbaye de Saint-Chef ; après quoi, d'une main leur montrant le ciel, de l'autre la tombe de son vieil ami, il jura de ne quitter cette tombe qu'au jour où la mort les réunirait, là-haut, l'un à l'autre. »

« Et il se fit reclure dans la cellule de Théobald. »

« Tant d'émotions, tant de bonheur, tant de regrets brisèrent bientôt le cœur aimant et sensible du nouveau reclus. Il en eut pour quelques mois, pendant lesquels il languit sur le tombeau de Théobald, et bientôt leurs cendres furent mêlées dans le même sépulcre. »

« Pendant que se faisait la cérémonie des funérailles, un petit enfant interrompit tout à coup par ses cris le silence du sacrifice; il montrait le ciel du regard et de la main : toute la foule vit alors s'élever dans les airs un globe lumineux; ce globe était rose et recouvert d'un crêpe léger, et, quand ce globe eut pénétré les nuées, le ciel sembla s'entrouvrir et deux autres globes apparurent : l'un était blanc comme l'albâtre, un beau lis le couronnait au sommet; l'autre était ardent comme la flamme, une croix d'azur le couronnait au sommet, et, le globe blanc comme l'albâtre se plaçant au milieu des deux autres, tous trois s'envolèrent et disparurent dans les splendeurs cachées du firmament. Alors la foule qui avait appris l'histoire des trois Reclus se prit à pleurer de joie, et tous bénissaient le Seigneur d'avoir fait éclater à *Stremiacum* les merveilles de sa sagesse. »

« Ici, dit le vieillard, en repliant son manuscrit, ici finit le récit de l'auteur latin. »

« Les Augustins, qui vinrent en 1274 habiter *Stremiacum*, recueillirent et continuèrent les souvenirs de la recluserie de Saint-Hyppolite, et, pour les perpétuer autant que cela était conciliable avec les statuts de la maison, tous les samedis ils y envoyaient un religieux qui s'y renfermait jusqu'au samedi suivant. Un autre frère le relevait, la semaine d'après. Probablement il habitait le premier étage de la chambre oblongue que vous voyez. La chapelle gothique, dont vous avez admiré le travail, fut sans doute élevée sous leur patronage. Les blasons à demi-effacés des voûtes et de la muraille attestent la bienfaisance des seigneurs voisins. Plus tard, cette chapelle fut ouverte aux exercices des pénitents du Confalon. »

Pendant cette lecture, plus d'une larme était venue aux yeux du vieillard; émus profondément nous-mêmes, nous restâmes quelque temps silencieux, repassant, mon ami et moi, les souvenirs les plus touchants de cette triple vie.

Mais bientôt, le soleil qui se couchait derrière les montagnes du Lyonnais cessa d'éclairer les ruines de Saint-Laurent. Un bleu vague azurait seul les vives arêtes du clocher des Augustins, tandis que l'ombre brunissait le fond de la vallée. Vieux témoin des siècles éteints, l'horloge de Saint-Hyppolite avait conservé une voix, pour redire encore l'heure qui passe et le temps qui fuit. Elle sonna l'*Angelus*, nous descendîmes la colline, en revoyant la chapelle de Saint-Hyppolite. Mais nulle lampe ne brillait sous le porche, on n'entendait plus gémir la clochette du campanille, ni l'hymne sainte résonner dans l'oratoire. Nous eûmes beau crier : « Bonsoir, reclus ! » aucune voix ne répondit : « Que Dieu vous bénisse ! beau fils ! » ainsi tout change, tout passe, et disparaît. Si ce n'étaient les funèbres débris qui ont survécu à tant de métamorphoses, à tant d'orages et à tant de dévastations, si ce n'était le culte de vénération que plusieurs reçoivent sur nos autels, nul souvenir de ces hommes admirables, autre que les fades nouvelles d'un journaliste, ou les pages mondaines d'un impur romancier, ne redirait à la mémoire des temps le nom et la vie des pauvres reclus.

CHAPITRE IX.

Haute convenance des recluseries.

L'appréciation des grandes institutions de l'Eglise appartient à un autre ordre d'idées et d'inspirations, que celles qui ont cours dans le monde, même savant. Comment, avec le froid rationalisme de notre époque, juger les hautes conceptions de la foi ? Les siècles où bouillonnait la sève des vertus, où surabondait la vie spirituelle, offrent des phénomènes inexplicables à ceux où elle est haletante, épuisée, presque morte. Dans le grand livre où se déroule l'épopée du Moyen-âge, il n'est presque pas de pages qui se puissent lire sans le secours de la foi. Voilà pourquoi le Moyen-âge, tant étudié, tant fouillé de nos jours, est encore incompris.

Les tableaux de nos poètes, romanciers, dramaturges, que sont-ils pour la plupart? Des copies exactes, si vous le voulez, des tableaux vrais; la couleur, la forme, les habits, tout cela est fidèlement observé et rendu; mais le souffle manque à ces reproductions, le principe de la foi ne les anime pas. Ce sont de magnifiques pétrifications. Il faut empreindre une description de la vie du temps, présenter les personnages en pied, décrire les faits sous leur jour naturel, autrement les hommes sont mesquins, absurdes même, les faits invraisemblables ou barbares.

Pour qui ne connaît les recluseries, ces asiles du travail, de l'innocence, de la prière, des larmes austères ou du saint repentir et, après tout, du plus sublime renoncement, ne furent que des sépulcres vivants, où s'ensevelissaient dans un oiseux sommeil, loin de tout commerce humain, des hommes sauvages et fanatisés, des femmes usées par le vice ou tourmentées d'une incroyable misanthropie; véritable enfer de passage sur le seuil duquel il fallait dire adieu à l'espérance, et dont le fronton reproduisait la désespérante inscription :

Voi ch' intrate, lasciate ogni speranza.

C'est du moins l'impression qui vous reste au cœur, après la lecture des lugubres pages de Victor Hugo. Mes lecteurs auront déjà rectifié leurs idées, à la vue des faits dont se compose ce petit ouvrage. Pour achever de compléter leur jugement, je vais considérer la reclusion et la vie des reclus sous ses trois grands aspects : religieux, social et individuel ; ce coup d'œil purement philosophique, terminera notre travail.

Quelles que soient néanmoins la contradiction des doctrines et l'incertitude des opinions, notre siècle, par un retour conséquent, est forcé de consacrer le principe religieux comme la base de toute institution et le couronnement de toute vertu. C'est donc lui parler sa langue, que de le rappeler aux motifs et aux causes bien connus de la reclusion.

Un homme lassé du monde, dégoûté de ses honneurs dont il comprend la vanité, de ses plaisirs dont il a senti le vide ; effrayé de ses maximes dont il a compris le piége, de ses exemples dont il a éprouvé la séduction, de ses vices dont l'horreur l'épouvante; cet homme, d'ailleurs vivement touché des pensées éternelles, accablé, comme Jérôme, de la terreur des jugements de Dieu, ou embrasé, comme Thérèse, de l'amour du céleste Epoux; cet homme n'a-t-il pas le droit d'aller chercher dans la solitude, la paix, le repos, le calme de la conscience, la liberté de l'âme, la prière, la vertu parfaite? En tout cas, il donne une grande leçon aux autres, en leur montrant qu'on peut trouver en Dieu la consolation, et un bonheur que le monde ne sait donner.

Ce dépouillement des choses extérieures, il est vrai, n'est qu'un premier pas dans la vie du reclus; il nous faut suivre la filiation des idées qui amène son complet isolement.

Séparée du dehors, son âme se replie naturellement sur elle-même, et, se trouvant face à face avec Dieu qui l'envahit tout entière, elle veut aussi lui tout immoler. « Mais osera-t-elle toucher à ce corps si tendre, si chéri, si ménagé? n'aura-t-elle point pitié de cette complexion délicate? Au contraire, c'est à lui principalement qu'elle s'en prendra, comme à son plus dangereux séducteur. Cette pensée la sollicite à ne plus rien donner à ses sens, elle leur ôte tous leurs plaisirs; elle embrasse toutes les mortifications. Elle donne au corps une nourriture peu agréable; et, pour que la nature s'en contente, elle attend que la nécessité la rende supportable. Le coucher dessus la dure, la psalmodie de la nuit et le travail de la journée attirent le sommeil à ce corps si tendre ; sommeil léger, qui n'appesantit pas l'esprit et qui n'interrompt presque point ses actions. Ainsi, toutes les fonctions mêmes de la nature, commencent à devenir des opérations de la grâce : on déclare une guerre immortelle et irréconciliable à tous les plaisirs... Innocente, elle les méprise pour l'amour de Celui à qui elle a tout sacrifié ; pénitente, elle les répudie, comme de trompeuses amorces, qui l'ont séduite et perdue. »

« L'âme, délivrée ainsi de la captivité des sens, est enfin revenue à elle ; s'étant trouvée elle-même, elle a trouvé la source de tous ses maux ; c'est donc à elle-même qu'elle en veut encore. Déçue de sa liberté dont elle a fait un mauvais usage, elle songe à la contraindre de toutes parts : des grilles affreuses, une retraite profonde, une clôture impénétrable, une obéissance entière, toutes les actions réglées ; elle se met de tous côtés sous le joug, et, se souvenant des tristes jalousies du monde, elle s'abandonne sans réserve aux douces jalousies de Dieu...... Elle se met des bornes de tous côtés, de peur de retomber sur les objets extérieurs, et d'égarer sa liberté encore une fois en s'y cherchant. Qu'importe qu'on vive alors dans une communauté de frères ou dans le secret d'une cellule, quand les sens sont morts au monde, quand l'âme seule a recouvré sa vie qui était Dieu? Ainsi resserrée de toutes parts, elle ne peut plus respirer que du côté du ciel; elle se donne donc en proie à l'amour divin...., et sentant qu'elle est faite pour un objet éternel, elle ne connaît plus désormais d'autre mort que celle du péché (1). »

Ces considérations également applicables à la vie cénobitique et à l'érémitisme, le sont encore plus à la reclusion, et peut-être suffiraient-elles pour réfuter l'unique objection que la philosophie a adressée à la mémoire des reclus, en appelant la reclusion un état contre nature. Ajoutons toutefois que ce n'est point agir contre la nature que de suivre le penchant de la grâce qui nous vient de l'auteur même de la nature, que ce n'est point agir contre la nature que de

---

(1) Bossuet. *Sermons pour la profession de Madame de la Vallière.*

mener à part une vie pour laquelle on se sent fait et où l'on trouve profit, gloire et bonheur; ni enfin de faire pour Dieu les sacrifices que tant d'autres font chaque jour sous nos yeux, pour un mesquin plaisir ou pour un vil intérêt.

Penchée sur l'urne de son époux, Artémise hâte sa mort, en se nourrissant de la cendre de Mausole, et vous célébrez son désespoir. Si cette veuve d'Ephèse, dont les poètes ont raconté l'ensevelissement volontaire avec son mari, eût perpétué son séjour et son deuil au fond de ce tombeau, vous la citeriez comme un modèle de fidélité conjugale. Mais c'est à Dieu qu'une âme pénitente offre le même sacrifice, et vous la traitez de fanatique! Hommes illogiques et inconséquents! Vous plongez dans de noirs cachots, vous condamnez à une prison perpétuelle, l'homme coupable et pervers; je vous approuve. Mais si celui dont la conscience crie, dont les crimes secrets appellent la justice du ciel et la vengeance de l'enfer, se condamne lui-même à cette prison, s'enferme de lui-même non pas dans un cachot mais dans une cellule, pourquoi le blâmez-vous?

Ce ne sont pas seulement, il est vrai, les pécheurs qui se font reclure, ce sont encore des âmes saintes, et celles-là en plus grand nombre. Pourquoi alors, direz-vous, une si étroite prison? Je réponds : Quelques-unes de ces âmes peuvent être faibles et délicates; pour elles, dans le monde tout est piége, péril et séduction. Si elles viennent demander aux murs de la cellule un rempart contre ces dangers et leur propre faiblesse, que pourrait-on y trouver à redire? Est-ce que ce n'est pas sagesse pour une armée trop faible en présence de l'ennemi, de s'appuyer à une forteresse, de se dissimuler derrière une forêt, de se dérober aux coups de son adversaire? Il n'y a donc que des louanges à donner à la retraite qui abrite et sauvegarde ces êtres fragiles; avec elle, ils deviennent des anges, et sans elle, ils seraient peut-être des monstres.

Quelques autres âmes n'ont rien de ces faiblesses, mais elles sont dévorées d'une ardente soif d'immolation. Tel est le désir qu'elles ont de montrer à Dieu leur amour, qu'elles cherchent tous les moyens de le lui témoigner, même les plus extraordinaires, les plus extravagants quelquefois, pour parler comme vous. Rien de plus naturel, cependant. Ne dit-on pas : Aimer jusqu'à la folie? et le monde applaudit. Notre Seigneur lui-même nous a donné l'exemple de cet amour, il nous a aimés jusqu'à la folie de la croix. Trouvez donc bon que les âmes généreuses, passionnées pour Jésus-Christ, lui rendent un amour qui approche du sien, et se fassent *insensées* pour lui, comme il s'est fait *insensé* pour nous. Seulement rappelez-vous ce que dit l'Apôtre: « Cette folie est la suprême sagesse. *Quod stultum est hominibus, sapientius est Deo.* »

Vainement vous criez au suicide, les faits viennent-ils bien à l'appui de ces fougueuses déclamations? Ce qui tue, ce n'est pas la sobriété, la pénitence, la clôture; on ne périt que par le cœur, et il est heureux dans le cloître. Aussi bien à la distance la plus reculée, la même loi reproduit le même phénomène. Antoine, qui fut reclus vingt ans, mourut à l'âge de cent cinq; Patrocle, Hospitius, Alix la Bourgotte, celle-ci recluse quarante-six ans, virent leurs jours se prolonger jusqu'à la vieillesse la plus avancée.

Vous ne comprenez pas ces choses-là, dites-vous, et qu'importe! Il y a bien d'autres mystères pour qui veut lire avec ses yeux d'homme, et non pas avec les yeux de la foi.

Comprenez-vous mieux la colonne du Stylite Simon, le palmier du centenaire Paul, les six mille moines de Pacôme, les sentiers embaumés de la Thébaïde et les bords fleuris du désert? Comprenez-vous mieux Thérèse avec son grand cri, le plus sublime qui soit jamais sorti du cœur d'une créature : *Ou souffrir ou mourir!* Et Madeleine de Pazzi, *Toujours souffrir, jamais mourir?* Comprenez-vous ces quatre-vingt mille prêtres, désertant le sol de la France plutôt que de prêter à vos lois un serment équivoque? Mettez en avant le principe de la foi, le mystère disparaît et le prodige s'efface. Dieu et l'éternité valent mieux que tous les biens de la terre; ce n'est pas trop que de leur sacrifier toute chose, et soi-même. Après tout, chacun suit sa voie, et chaque époque a ses institutions assorties à ses besoins, à ses maux.

La reclusion, qui entrait dans les plans sociaux, comme la représentation la plus étroite, la plus sévère et la plus élevée de la perfection religieuse, la reclusion n'est plus de nos temps : n'en rebâtissons pas la cellule, à la bonne heure; mais n'outragez pas ses vertus et ses gloires. Vos mépris seraient un crime, déjà votre indifférence était une faute de trop.

Nous l'avons dit, dans un des paragraphes précédents, la société religieuse voyait avec une joie sainte se multiplier les recluseries, elle se prêtait complaisamment à tout ce qui pouvait les entourer de respect et de vénération. Le clergé, les grands, le peuple, tous avaient en dehors des sentiments qu'inspirait le reclus, une pensée commune, l'intérêt de chacun et de la société tout entière.

S'il est un dogme consolant dans le christianisme, c'est celui de la réversibilité de la prière et du mérite : double fruit de la communion des saints, chose touchante et sublime à la fois. Comme membres de la même famille, la gloire de l'un se répand sur l'autre, la vertu de celui-ci aide à l'imperfection de celui-là; la prière du juste, comme aussi ses souffrances, ou bien rentrent dans le trésor commun de l'Eglise chrétienne, ou bien font pleuvoir, sur celui que sa pensée désigne au ciel, des torrents de grâces et de bénédiction. Cette idée sainte, féconde, est l'unique motif de l'immense vénération qui entourait les reclus. On les plaçait à l'entrée des villes, dit l'historien des *Antiquités de Vienne*, comme des soldats généreux en des postes avancés, pour soutenir les premiers efforts des ennemis invisibles, et pour veiller à la garde du peuple qui faisait sa force de leur vertu. Quelquefois leur logette apparaissait à la cime d'une montagne, à la porte des églises ; elle était là comme un phare lumineux, ou mieux encore, comme un haut jalon planté sur le chemin de l'exil à la patrie. Aussi bien, leurs exemples faisaient la richesse, et leurs prières formaient la principale ressource d'une ville, d'une population tout entière. Ils recevaient d'elle quelque peu d'aliments grossiers ; en échange, ils lui rendaient les dons spirituels et les faveurs d'en-haut. Voilà ce qui explique comment les sages eux-mêmes aimaient à se recommander à leurs oraisons, et même à les consulter.

Peut-être serait-on tenté, dans ce siècle où l'on veut tout réduire à la question d'art, de me demander si la reclusion a contribué en quelque chose à ses progrès. Je répondrai que sous le rapport matériel, la reclusion demandait peu de frais, et je ne sache pas que jamais grand artiste ait été appelé à en dessiner ou à en exécuter les plans. Cependant l'architecture chrétienne déploya, dans des proportions à la vérité petites et rétrécies, la beauté de ses formes à la construction des oratoires, ou des chapelles de reclus. Il n'en reste sans doute aujourd'hui presqu'aucun vestige important. Je signalerai cependant le portail de Saint-Epipode, dont l'arcature fleurie de la fin du xiv° siècle, rappelle avec bonheur l'élégant ciseau des foliassiers de cet âge. Il existe encore aujourd'hui, dans une jolie petite ville du Dauphiné, une recluserie dont l'oratoire est parfaitement conservé : celle du bienheureux Nicolas de Flue, au haut du Melcthal, fait plaisir aux visiteurs.

Sous le rapport intellectuel, la reclusion était destinée à former des saints et non pas des hommes de lettres, des écrivains, des poètes. Si la règle voulait qu'ils fussent doctes, c'était uniquement dans la loi de Dieu et dans la science du salut. Toutefois la recluserie ne restait pas étrangère à cette partie subalterne de la science, qui consiste à la conserver et à la transmettre aux générations qui suivent; à défaut d'imprimeurs, le Moyen-âge avait d'habiles copistes. Nombre d'ouvrages sont sortis de la plume de nos reclus. J'indiquerai seulement, d'après le P. Mabillon, les travaux du bienheureux Hardouin, reclus du monastère de Fontenelle. Il transcrivit en latin un volume des quatre Evangiles, un volume des Epîtres de saint Paul, trois volumes sur les Sacrements; deux volumes d'homélies, dont un sur l'Evangile; un volume du livre des homélies de saint Grégoire, pape; un volume d'arithmétique avec des lettres sur la célébration de la Pâque, un volume contenant sept livres de la *Cité de Dieu,* de saint Augustin, un volume du Vénérable Bède, *De naturâ rerum et temporibus;* un psautier, un volume de Vies des Saints, un volume des questions adressées par saint Ausbert au reclus Silvin, enfin un volume antiphonaire à l'usage de l'Eglise romaine (1).

Ces livres retournaient au monastère et faisaient partie de la bibliothèque commune. Les reclus ayant plus de loisir, plus de liberté pour ces sortes de travaux que les autres, il est fort probable que de leurs mains sont sortis un grand nombre de ces beaux manuscrits : missels, bréviaires, livres d'heures armoriés, imagés, enrichis de vignettes et de poétiques dessins, dont le XIIIe et le XIVe siècle ont doté la postérité. Peut-être les reclus s'oc-

---

(1) *Acta Sanctorum Ord. Bened.,* t. V, p. 70.

cupaient-ils aussi des poètes et des écrivains profanes, quoique moins fréquemment que les autres religieux, qui nous ont conservé ces précieux monuments de notre littérature.

Mais en voilà plus qu'il ne faut sur une question bien secondaire par rapport à mon sujet ; examinons maintenant la reclusion sous le rapport individuel.

Supprimez cette clôture intéressante, abattez cette muraille consacrée par le sceau du Pontife et la vie du reclus, malgré la dureté de sa couche, les rigueurs de ses privations, le reclus n'est plus qu'un religieux ordinaire, et la question sur ce point est depuis longtemps résolue. Mais c'est ce qui constitue proprement la reclusion qui est l'objet des plus naïves peintures et des plus graves objections.

La réponse se résume en deux mots : la reclusion était-elle un état plus parfait? Oui, sans doute, puisque *l'abneget semetipsum* est tout le fond de la perfection religieuse. Plus un homme se retranche, se dépouille, plus il offre à Dieu un sacrifice parfait. En l'embrassant, cet état, le reclus renonçait-il pour cela à toute jouissance, et à cette part de bonheur passager dont chaque homme est avide?

Non, assurément. Je le sais, les murailles closes scandalisent les esprits légers. Ils ne comprennent pas qu'on soit libre là-dedans. Cela peut être ; car pour eux la liberté a un autre sens que pour nous. Ils ne comprennent pas que la liberté des sens engendre l'esclavage, et que, cette liberté mise à part, reste, sans parler de la sainte liberté des enfants de Dieu, la liberté de l'esprit et du cœur. C'est le cœur, en effet, et non pas l'étendue des lieux qui met à l'aise. Il y a plus de gêne mille fois sous les chaînes du vice et des sens que dans l'affranchissement de toute clôture. Quand le cœur est heureux, une cellule est une immensité ; quand le cœur est brisé d'angoisses, le monde est un désert. Qu'on me permette un rapprochement historique d'une plus haute portée que ne le suppose la modeste position d'un reclus. Un conquérant se trouve à l'étroit dans l'univers dont il est devenu le maître ; et David, sous le toit solitaire de son exil, se trouve au large et dit de lui-même : *Ambulabam in latitudine.....* Le reclus en pouvait dire autant.

Saint Jérôme écrit de la bienheureuse Azella que, s'étant, depuis l'âge de douze ans, renfermée dans son étroite cellule, elle y était au large autant que dans un lieu de délices (1). La chose se comprend. Quand on ne vit que par l'esprit, on voit un immense horizon se dérouler devant soi, et on est libre de le parcourir. Saint Jean Chrysostome a dit de saint Paul que son âme avait, par la pensée et le désir, ses libres entrées dans les cieux (2). Quand on ne vit que par le cœur, en effet, une seule pensée suffit; elle multiplie toutes les formes des jouissances intimes, elle savoure avec ivresse tout ce qui lui rappelle l'objet de son bonheur, et l'homme vit avec cela. Il faut, sur ce chapitre, en croire l'expérience. La cellule constamment gardée, dit l'auteur de l'*Imitation*, s'adoucit et devient un séjour délicieux. Et le prisonnier de Spielberg, ce noble et douloureux reclus, n'a-t-il pas dit que la solitude est mauvaise à qui ne l'habite pas avec Dieu, mais qu'elle est douce à celui qui l'anime par la présence de cet être souverain.

---

(1) *Epist. ad Marcell. de laude Azellæ*, traduction de MM. Grégoire et Collombet.

(2) *Anima illa cœlo vagari solita.*

Sans doute, il y avait un moment étrange dans la vie du reclus. C'était celui qui suivait la cérémonie de la reclusion. Quelles sensations neuves et inattendues saisissaient notre pénitent à cette première heure d'isolement et de solitude! Lorsque le bruit des chantres venait de s'éteindre, la lueur des cierges de mourir, les flots du peuple de s'écouler, sa première pensée devait être de parcourir du regard son tout petit domaine, les murailles nues et muettes de sa cellule, et ce bout de jardin qui ne lui laissait voir d'espace dans les airs, qu'autant qu'il en fallait pour ne pas lui dérober la vue du ciel, et de place sur la terre, qu'autant qu'en réclame un tombeau. Mais l'année de probation l'avait préparé d'avance à cette vie étroite et recueillie, et la multitude des reclus s'écria avec le Psalmiste, en baisant le pavé de sa cellule : « Ceci est le lieu de mon repos, je l'habiterai, ce lieu, parce que je l'ai choisi. »

Assurément tous les reclus n'étaient pas des Antoine. Après avoir passé la nuit en prière, ils ne se plaignaient peut-être pas que les rayons du soleil, en pénétrant par l'étroite ouverture de leur cellule, vinssent troubler le charme de leurs oraisons. Mais la prière a ses jouissances, même pour l'homme imparfait ; elle repose l'âme, elle adoucit le poids du jour, elle répand un baume salutaire sur les secrètes plaies du cœur. Aimer et prier, c'est tout un.

Je ne parle pas ici des distractions apportées par l'étude, par le travail des mains, la transcription des livres, la direction spirituelle des séculiers, le chant des Psaumes et la récitation de l'Office canonial.

Quant aux épreuves de la solitude, elles devaient être, je l'avoue, plus inquiétantes, plus pénibles. La solitude a parfois ses horreurs ; ils sont terribles les orages du désert, témoins les tentations de saint Antoine. Mais la grâce y est plus vive, les secours plus prompts. Qu'on se rappelle le vieillard cité à la onzième session du concile de Nicée et la jeune recluse de Brunsbach dont Césaire raconte les terribles combats et les glorieuses victoires. Ainsi leurs épreuves étaient domptées par la vivacité de la foi des reclus, ou la sagesse des conseils qu'ils recevaient.

Au reste, on aura remarqué, dans le trait que j'ai raconté de cette jeune fille, la résolution où était l'abbé de la dispenser de ses vœux. L'Eglise n'a jamais abjuré vis-à-vis de ses enfants ce caractère de mère qui lui apprend à compatir à leurs faiblesses : la perpétuité religieuse reste soumise à sa haute juridiction; dans les moments difficiles elle délie avec condescendance de serments indiscrets ou de vœux impossibles à tenir.

Cependant je n'ai trouvé dans mes recherches aucun exemple de cette dispense, acceptée par des reclus.

Terminons ici un travail, peut-être déjà trop long, et qui est encore bien incomplet ; terminons, dis-je, ce travail par une réflexion dont personne, je crois, ne contestera maintenant la justesse.

La reclusion a subsisté quatorze cents ans; je ne sache pas d'institution humaine qui ait vécu une aussi longue vie. Cela seul ne suffirait-il pas pour la mettre à l'abri des attaques, du moins des insultes de prétendus moralistes?

Et n'eut-elle duré qu'un siècle, qu'une année, qu'un jour, cette vie héroïque d'isolement, de pénitence et de sublime abnégation, n'aurait-on vu qu'une fois au monde cette effrayante cellule, c'eût été une solennelle condamnation de la mollesse des uns, de l'orgueil des autres, un puissant exemple offert aux âmes lâches et pusillanimes, une grande preuve de la toute-puissance de la grâce, un beau spectacle enfin et pour la terre et pour le ciel.

TABLE DES MATIÈRES.

	Pages.
Aux lecteurs	4
Avant-propos	3

Chapitre premier.

Notions préliminaires et terminologie de la reclusion 7

Chapitre II.

Origine et triple phase de la reclusion 17

Chapitre III.

Première phase 29

Chapitre IV.

Deuxième phase 58

Chapitre V.

Troisième phase de la reclusion.................. 81

Chapitre VI.

Troisième phase de la reclusion (*Suite*)........... 124

Chapitre VII.

Cérémonies, ressources de la reclusion et vénération pour les reclus 167

Chapitre VIII.

Nouvelle ou légende : *Les trois Reclus*............ 187

Chapitre IX.

Haute convenance des recluseries................. 257

www.ingramcontent.com/pod-product-compliance
Lightning Source LLC
Chambersburg PA
CBHW070542160426
43199CB00014B/2338